U1012364

欧美经济

群雄逐鹿300年

王东京 著

中国财经出版传媒集团
中国财政经济出版社
·北京·

图书在版编目（CIP）数据

欧美经济群雄逐鹿300年 / 王东京著. -- 北京：中国财政经济出版社，2025. 6. -- ISBN 978-7-5223-3710-4

Ⅰ. F119

中国国家版本馆CIP数据核字第20250AY271号

责任编辑：罗亚洪　　责任校对：胡永立
封面设计：仙　境　　责任印制：张　健

欧美经济群雄逐鹿300年
OUMEIJINGJI QUNXIONGZHULU 300NIAN

中国财政经济出版社 出版

URL：http://www.cfeph.cn
E-mail：cfeph@cfemg.cn
（版权所有　翻印必究）
社址：北京市海淀区阜成路甲28号　邮政编码：100142
营销中心电话：010-88191522
天猫网店：中国财政经济出版社旗舰店
网址：https://zgczjjcbs.tmall.com
北京文昌阁彩色印刷有限责任公司印刷　各地新华书店经销
成品尺寸：145mm×210mm　32开　9印张　163 000字
2025年6月第1版　2025年6月北京第1次印刷
定价：68.00元
ISBN　978-7-5223-3710-4
（图书出现印装问题，本社负责调换，电话：010-88190548）
本社图书质量投诉电话：010-88190744
打击盗版举报热线：010-88191661　QQ：2242791300

前　言

人类已进入21世纪，站在新的历史起点回望欧美经济过去的300年，展现在我们面前的是一幅波澜壮阔的历史画卷：群雄逐鹿，兴衰交替，你方唱罢我登场，演绎出一幕幕充满传奇的人间活剧。

18世纪中叶，工业革命悄然兴起，从英国的纺织机到法国的冶金业，从德国的化学工业到美国的造船业，技术飞跃如同大马力发动机，推动欧美经济列车呼啸前行。新生产方式、新商业模式、新金融体系相继涌现，一次次洗牌，改写了世界经济版图。

19世纪，英国凭借先发优势在全球建立殖民地，成为“日不落帝国”。随着时间推移，一批新兴国家迅速崛起，德国以其强大的工业和科技实力，在机械制造领域独占鳌头；美国凭借丰富的资源、广阔的市场和开放的移民政策，成为全球经济新引擎。

20世纪，两次世界大战使欧洲遭受重创，而美国大发横财，取代英国成为世界经济中心，领跑整个20世纪。战后欧洲经济一体化提速：德国后来居上，法国负重前行，意大利奋力追赶，地处亚洲的日本经济也迅速崛起，对美国经济霸权形成了挑战。

事实上，经济竞争并不只是国家间经济实力的较量，也是不同经济模式和发展理念的相互碰撞与融合。自由市场、国家干预、福利国家等思潮此起彼伏。每一次经济危机都促使各国政府反思：或改革体制，或调整政策，探索适合本国的发展模式。

我写这本书，不完全是因为欧美经济曾深刻影响过全球经济走向，也是希望通过回溯那些辉煌的历史瞬间，带领读者与推动人类经济发展的先驱者做一次穿越时空的对话，以史为鉴，汲取经验教训，洞察经济规律，在未来国际竞争中选准定位，推动中国经济行稳致远。

正是基于此，本书采用大跨度宏大叙事的写法，旨在揭示欧美各国经济崛起与衰落的内在逻辑，剖析不同经济模式的优劣与变迁。建议读者阅读时，重点关注这些国家在面对挑战和机遇时的决策过程，去粗取精，去伪存真，透过纷繁复杂的现象找到背后的密码。

欧美经济发展史，是一座丰富的商业智慧宝库。读者可从中看到企业如何在市场竞争中脱颖而出，如何通过技术创新和管理创新做大做强，如何在全球化浪潮中拓展国际市场。这些成功案例，可为企业战略规划、运营管理和市场营销提供有益借鉴。

最后要说明的是，日本属于亚洲国家，而本书将日本列入其中，有两点考虑：一是日本战后经济崛起，20世纪70年代便成为发达工业国家；二是日本效仿欧美体制，且与欧美经济有紧密联系和相似之处，通过对比，可以更好地理解全球经济格局演变。

王东京

2025年4月10日

于北京

目录

第一章　美国领跑20世纪

第二章 英国风光不再

第六章 加拿大行稳致远

美国领跑20世纪

美国建国之初，国务卿托马斯·杰斐逊与财政部部长亚历山大·汉密尔顿就“立国方略”产生了严重分歧。1861年爆发的南北战争是确定自由择业权的决战。限制劳动力流动的坚冰终于被熊熊战火消融。

第一次工业革命中，美国是后来者，但不到一个世纪便成为世界头号工业强国。在成功背后，政府角色最具“美国特色”。

罗斯福新政为困境中的自由经济另辟蹊径，成为罗斯福以后美国历届政府的基本信条。美国指望通过冻结工资和物价驯服通货膨胀。但事实表明，收入政策最后是竹篮打水，枉费心机。

为了对付“滞胀”，里根总统使出“三减一稳”拳法，当他78岁告别白宫时，美国人民对这位演员出身的老总统心怀感激。不过，美国走出“滞胀”后，经济发展也并非一帆风顺，繁荣背后也有隐忧。

第一章
美国领跑20世纪

美国建国仅200多年，没有悠久的历史，是一个相对年轻的国家，但美国自19世纪末开始崛起，二战后独领风骚，并逐步取代了英国“世界经济霸主”地位。其背后蕴含多重复杂的历史因素，这些因素在不同时期发挥了独特作用，进入20世纪后美国经济一直领先全球。

第1节　农业立国与工业立国

1789年2月4日，乔治·华盛顿当选美国首任总统。立国之初，总统第一件事当然是“组阁”。在四名阁僚中，有两位最引人注目：一位是国务卿托马斯·杰斐逊，因主笔

《独立宣言》名噪天下；另一位则是财政部部长亚历山大·汉密尔顿，在独立战争中独当一面，负责后勤给养。乔治·华盛顿有用人不疑的雅量，举凡大事都让他俩拿主意。可两位阁僚在治国方略上却各执一端，形同水火。

汉密尔顿“四味药方”

开国头10年，汉密尔顿一度风光占尽。独立战争给美国遗留下近2亿美元巨额债务，同时，英国商品也如潮水般涌入美国。严重的贸易逆差，造成美国通货大量外流，“饮鸩止渴”的赊购方式，形成横跨几千英里的庞大债务网，引发了普遍的商业危机。美国应该怎样应对？就“立国方略”，汉密尔顿与杰斐逊产生了争论。

屋漏偏遭连阴雨。正在此时，英国又取消了战前对美的优惠政策，美国造船、航海业在困境中搁浅。商业萧条，造船业惨淡，航海业衰落，农业产量降至历史最低。面对身患急症的美利坚和一筹莫展的同僚，汉密尔顿上任财政部部长伊始，便开出了速效“四味药方”：强化政府财权，填平财政赤字，建立信用制度，发展制造业。

针对战争期间形成的州权大、联邦权力小的弊病，汉密尔顿力主权力归联邦，强化联邦政府的行政权力。作为金融专家，他深谙公共信用对政府的意义，为了让新政府“树威”，汉密尔顿提出发新债抵旧债的办法，对已经大幅贬值的旧国债坚持按面值偿付。联邦虽然多出了点血，却赢得了公众对政府的信任。

发债只是应急之策，汉密尔顿的第二招是健全税制，保证联邦有稳定收入。鉴于国内几乎不产金银，贸易逆差导致通货短缺的难题，汉密尔顿采取“私有公管”的方式，私人出大头，政府出小头，合资成立美利坚第一银行。政府以200万美元“启动资金”取得了对银行业务的监督权。

当以上配套方案相继奏效后，他又推出了被称为“美国工业化宪章”的《关于制造业的报告》。在该报告中，汉密尔顿全面论述了“工业立国”的构想：制造业不受土壤、气候影响，通过分工、专业化能极大地提高生产效率，比农业有更大的产出，是美国产业发展的方向。

他还指出：大力发展制造业，对内必须突破“自由放任”的陈规，通过关税保护、奖金鼓励、技术引进、信贷倾斜等措施，加大政府扶持力度。对外采取“亲英”政策，弥合美英矛盾，引进英国的资金、技术，缩短美国工商业发展进程。

汉密尔顿的“四味药方”，根据联邦政府面临的问题，按轻重缓急先后提出，相互联系紧密，构成了完整的经济纲领。最难能可贵的是，汉密尔顿透过初露端倪的英国工业革命，窥破了天下大势，在现代化第一次浪潮刚刚兴起时，就把新生的美国引入了时代主航道。

此后仅仅五年时间，美国的旧国债全部偿清，6300万美元新国债被溢价抢购；关税、船舶吨税、消费税的征收，使联邦有了固定收入；银行的建立，不仅使政府获得了国外贷款，还得到了银行固定分红。信用的重建刺激了证券市场，带动了股份公司迅猛发展。

美国用十多年时间走完西欧几百年的路，初步建立了财政金融制度，商业和航海业迅猛发展。

对汉密尔顿的政策主张，北部工商业者一片叫好，但惹来了南部种植园主的强烈不满。他们认为，税收给农业带来了沉重负担，国家是拿南方纳税人的钱扶持北方，关税保护不仅使农民买不到价廉物美的外国商品，还容易引起别的国家对美国农产品出口的报复。

杰斐逊“三板斧”

种植园主出身的国务卿杰斐逊坐不住了，通过一番出国考察，提出了与汉密尔顿大相径庭的主张。归结起来主要是“三板斧”：第一，联邦政府过度集权有违宪法的民主与分权精神，应当加强州权和人权；第二，美国与英国国情不同，欧洲地少人多，只能发展商贸和制造业，而美国土地肥沃、人口稀少，应立足发展农业；第三，为提高农产品出口竞争力，政府应采取自由贸易政策，降低关税门槛。

此外，杰斐逊还为美国设计了长远发展战略。他指出：

美国的潜力在西部，应推行西进计划，搞西部农业开发。同时，对外应采取“亲法”政策，为美国农产品寻找更多的买家，开拓更加广泛的市场。

“汉氏理论”虽化解了开国之初的危机，却“侵犯”了占总人口90%的美国农民利益。他所代表的联邦党在选举中铩羽而归。随着杰斐逊1801年入主白宫，“杰氏方略”开始吃香。新总统上任后便大搞政府机构改革，实行“节俭政策”，减轻农民负担。

不仅如此，为了使美国农民获得宝贵的土地。一向视宪法为生命的杰斐逊还冒着“违宪”的风险，以每英亩3美分的低价，从法国手中购得82.8万平方英里的路易斯安那，使美国领土扩大了一倍。紧接着，联邦政府趁热打铁，颁布新的土地法案和救济法，按人均160英亩、每亩2美元的价格、5年分期付款的方法，将西部土地出售给移民。持续一个世纪的“西进运动”由此拉开了帷幕。

重回“汉密尔顿路线”

“杰氏方略”确实符合美国国情。作为由移民组成的新生国家，美国农业有许多早期现代化因素，发展自耕农业，在美洲建立和平安宁的世外桃源，是开国元勋们追求的理想。“杰氏方略”的推行，为美国西部农业开发战略定了基调。但不论新生的美利坚以两洋为屏障离欧洲列强多远，终归要成为工业化世界的一部分，关起门来发展田园诗般的农业，只能是一个梦。

1807年，英国海军袭击美国战舰后，杰斐逊便抛出了《禁运法案》，认定搞工商业的英国必然依赖以农业为主的美国，可不料建国初的惨景竟倏然重演，美国经济再次陷入困境。

严酷的现实验证了汉密尔顿的预言：没有自己的大工业迟早要挨打。于是，杰斐逊重新拿出已故政敌14年前撰写的报告，运用自己的权力，通过了比汉密尔顿时期更高的关税，并成立美国第二银行，重回到了没有汉密尔顿的“汉密尔顿路线”。

第2节　爆发南北战争

1860年11月，共和党人林肯当选美国总统，把限制奴隶制列入新政府日程。南部蓄奴州脱离联邦，另立山头，不久便爆发了南北战争。对于战争的缘起，历来众说纷纭。从经济角度看，这是一场确定自由择业权的决战。

绕不开的“死结”

美国南北经济对立由来已久。北部工商业唱主角，崇尚自由经济。在北方实业家眼里，商品应畅通无阻，资金流向高收益产业，土地可以自由转让，最重要的是劳动力自由流动。老百姓是愿意开荒种地、驾船捕鱼还是打工挣钱，完全由个人说了算。

与英国相比，美国工商业还是“小个子”，冲出国门尚需时日，关税保护、资金投入、基础建设，皆离不开联邦政府关照。与北方截然不同，南方是棉花种植园的天下。种植园主盘算：棉花销路这么好，何必去搞工商业。美国领土南方也有份，合适的地方都该种棉花；棉花卖给英国，有卖也得有买，联邦政府需要降低关税。此想法与北部完全相反，建国后一直磕磕碰碰。随着合众国领土迅速扩大，南北对抗急剧升温。

19世纪初，划入美国版图的西部归谁，成为双方矛盾的焦点。英国古典经济学家威廉·配第说：土地是财富之母，劳动是财富之父。美国南北双方拼争的并非那块广袤沃土，而是要确立各自的“土地与劳动”结合方式。工商业是北方的设计；让黑奴撑起的种植园，是南方的勾画。于是劳动者是自由人还是奴隶，便成了双方绕不开的“死结”。

不论南方还是北方，都为“缺人手”头疼不已。1790

年，美国总人口不足400万，平均每平方公里仅1.7人。要解决劳动力短缺问题，北方只能从欧洲移民。南方种植园的活又苦又累，只能依靠黑人奴隶。移民和贩奴并举，70年间人口增长了8倍，可被扩大的领土一平均，每平方公里仍只有4人。

远水难解近渴，只好充分利用国内资源。怎么利用？北方将目光盯上了劳动密集、效率低下的种植园，主张扩大“自由州”，让350万黑奴自由流动；南方则抱住种植园经济不放，拼命扩大蓄奴州数量。

南北经济差异

劳动力自由流动，自然是舍低求高，流向那些收入高的产业。这样既符合劳动者自身需求，又能推动产业结构调整，促进社会经济发展。可对此，北方坚决拥护而南方却竭力反对。究其原因，是南北经济存在巨大差异。

南部气候温润、土壤肥沃，殖民地时期就开始种植经济作物。可种烟草、栽水稻耗时费力，只好多用黑奴。英国的金币填满地主的腰包。种植园经济的特点是低投入高产出：土地是英王赏的，不须花一文钱；黑奴一次性成交，使用几十年后还能转手；加上农产品在英国很抢手，种植园经济可谓一本万利。独立战争后，棉花成为美国南方主打产品，扩大棉田，增加奴隶，让种植园主们富得流油，而棉田里的黑奴却一无所获。

与南方不同，北方气候干冷、土壤贫瘠，不论农业还是工业，都力求用高投入换取高产出；耕地少、劳动力昂贵，只好精耕细作、改进农具，提高单产；劳动力匮乏，工资高，只能靠增添设备，提高生产效率，西部对北方的诱惑实在太大了。

北方很多自耕农开始西进，其灵活用工方式的优势尽显。工业西进一开，迟早会逼着南方佬把黑奴放过来，这样劳动力流动这盘棋就活了。于是对南部种植园主来说，占领西部也一下子有了“战略意义”。虽然西部不宜种棉花，但得寸土必争，否则将坐以待毙，若哪天蓄奴被判非法，好日子也就到头了。

颁布《解放宣言》

根据联邦土地法令，只要肯出钱，西部土地要多少有多少。这正符合北方实业家的利益，可南方种植园主却不愿买地，因为西部不能种棉花。19世纪前半叶，南方以分裂、骚乱相要挟，迫使联邦政府一次又一次妥协，蓄奴州由6个增到11个。

这回北方不干了。1860年，实业家和自耕农联手，把主张限制奴隶制的林肯推上总统宝座。林肯的施政纲领虽从未提过“废奴”，可种植园主明白，新总统限制奴隶制的主张，无疑是要剥蓄奴制这棵树上的皮，大树早晚得死，南方种植园300多万黑奴迟早要落入北方人手中。这是南方脱离联邦的根本原因。

1861年4月12日，南方军队炮轰萨姆特堡的北方守军，内战爆发。开战头一年，南方军队节节取胜，北方军队连吃败仗。林肯总统不得不使出“杀手锏”：1862年5月，联邦政府颁布《宅地法》：凡是美国公民，只需交纳10美元手续费，便可在西部获得160英亩土地，连续耕种5年，即成为私人财产。

1863年元旦，林肯正式颁布《解放宣言》：废除叛乱诸州奴隶制，允许南方奴隶以自由人身份参加北方军队。不过，南北战争并没有解决北方劳动力短缺问题。战后南方长期实行“分成租佃制”，多数黑奴变成了佃户。北方工厂所需的熟练工人以及西部需要的自耕农，是战后通过从欧洲几次大规模移民解决的。可限制劳动力流动的坚冰，终于被熊熊战火消融了。

南北战争最直接的结果，是确定了劳动者本该拥有的择业权。战后，劳动力自由流动在美国成为现实，并固定为一种机制。它又带动了其他生产要素的流动，引起日后美国经济生活的深刻变化。

第3节　工业化狂飙突进

当英国工业化开始蹒跚学步时，北美大陆还在农耕世纪熟睡。待它一觉醒来，原来的幼童早已长大成人。南北战争前美国工业化肇始，美国曾是欧洲的追随者。然而经过不到一个世纪的狂飙突进，美国便将先行者远远甩到了身后。

广纳天下人才

美国工业化之所以取得成功，政府的作用举足轻重。与许多后起国家不同，在工业化进程中美国政府非“发动机”，只是“助推器”。为了搞工业化，总统没有向全国发号召，国会没有搞发展规划，联邦政府没有直接办工厂。政府只是在一旁为工业化创造条件，提供空间，并在节骨眼上助企业一臂之力。

搞工业化最紧要的是人才和技术。英国是工业化的故乡。把英国现成的东西“拿”来，成了美国政府的第一要务。可哪知英国人吝啬得很。1774—1785年，英国政府颁布一系列禁令，不准技师、机器出境，对私带图纸“闯关”者，判刑一年，罚款500英镑。美国政府见“拿”不来，就改变策略去“挖”。各州纷纷亮出绝活，引进技术，吸引人才。

重赏之下必有勇夫。英格兰的一些穷工匠起了活思想。塞缪尔·施莱特和约翰·施莱特兄弟俩，把最前沿的纺纱技术装进大脑，漂洋过海来到美国。美国人洛维尔出访英国也不空手，顺手牵羊偷回了尖端织布技术。世界上首家梳棉、纺纱、织布一体化的工厂，于1814年秋在北美大陆开张，美国纺织技术很快便走到了英国的前头。

为了挖掘本土的人才潜能，1863年，联邦政府组建国家科学院，鼓励州、企业和个人科研投入。民间办科研蔚然成风。1876年爱迪生创办了“发明工厂”，1900年通用电气建立实验站，到1915年美国各类工业研究机构超过100家。贝尔、爱迪生等美国发明家，成了家喻户晓的英雄，从他们的实验室里，走出了美国一流的科技人才。

以地换路

在广袤的国土上搞工业化，交通运输需先行一步。1830年，英国蒸汽机车刚刚投入运营，美国就跟着修起了铁路。铁路可不是谁都能玩得转的，既需要巨额资金，又要专业技术，回收期长，风险大，按理应由政府操办，而美国政府却另有高招：“以地换路，多贷少投”。

根据1862年和1864年法案，国家把筑路权交给铁路公司，每修一英里铁路，赠予沿线10—40英里土地，并可获得1.6万—4.8万美元贷款。政府先后拨出土地2亿英亩，发放贷款6500万美元，结果换来5条横贯大陆的干线，40亿美元国外投资，1亿美元利息收入，为政府节省运费6亿美元。

到1910年，美国铁路总长度超过英国11倍，工业中心向西部原料产地靠近了350公里。修这么多路，政府却不担风险，无须增税还债，获得了许多管制权，为西部输送了近千万移民，还带动了铁路沿线经济的发展。最妙的是，修路使政府"四两拨千斤"的功夫炉火纯青，顺便运用到其他公共事业中去。

鼓励移民

搞工业化离不开人。美国立国近百年，人口不过3100万，平均每平方公里只有4人，农业劳动力是工业的4倍，还有350万黑奴不能流动。南北战争使劳动力自由流动成为可能。但工业化所需的劳动力短缺，还是困扰美国的一大难题。直接输入劳动力是最便捷的办法。但美国移民政策不许盲目引进。

1864年，联邦政府成立移民局，并出台了《鼓励移民法》，对产业工人提供优惠政策。比如外国工人前往美国，可预借路费等。此后半个世纪，入境移民2700万，45岁以下青壮年超过60%，主要工业部门中，移民工人占一半以上。工业化的发展需要更多高素质人才，办教育成了政府的重头戏。

1862年，联邦政府签署《莫里尔法案》，规定各州可领取国有土地创办大学。到19世纪末，为办国民教育，共划拨土地1.5亿英亩，相当于法国、瑞士、比利时三国面积总和。1867年设立教育局，大搞义务教育和职业教育。20世纪初，美国已实现初等义务教育，建立了从幼儿园到大学的教育体系。

成为头号工业强国

大工厂是工业化的杰作，可政府却很少办企业，反而对私人办厂鼎力扶持。1798年初春，大学毕业生惠特尼听说美法关系紧张，便上书财政部部长，自告奋勇要为国家生产一万支枪。两年交货期满，财政部只看到一包零件。在官员们怀疑的目光下，小伙子当场装配了6支滑膛枪。得到延期许可的惠特尼，结果用了10年才完成订单。

这种傻事当时只有美国政府会干。可要是没有这样的政府，就不会有美国工业标准化，更不会有日后大规模集约生产。自此之后，美国政府“傻劲”不减，泰勒的劳动定额管理、福特的流水线、卡内基的煤铁联营、阿穆尔的联合生产，这些欧洲人不敢想或不敢做的事，大都得到了政府的关照，也最终在美国扎了根。

政府对企业的关照远不止于此。比如发展投资银行，帮助企业筹集资金；实行金本位制，确保工业品价格坚挺；把平均关税从18.8%提高到52.4%，使国货免受进口货冲击；采取累退性税制，减轻企业负担；等等。

美国政府与企业的关系，可归纳为一句话：官倡、官助，但不官办、官管。到1894年，美国工业产值超过英国，跃居世界第一。又过了20年，便超过了英、德、法、日四国总和，成为名副其实的世界头号工业强国。

第4节　罗斯福新政旋风

美国建国后150多年间，一直奉自由经济为圭臬。市场这只“看不见的手”既创造繁荣，也孕育危机。“无为而治”的直接后果，是垄断排斥竞争。贸易保护和低税政策，使富者更富、贫者愈穷。多数人口无力消费，生产出现了“相对过剩”。

拿金融体系开刀

一战后，美国经济危机四伏：农产品积压，价格猛降；企业开工不足，工人大批失业；银行加入股市投机，金融体系险象环生。美国经济像失控的列车，顺着倾斜的轨道飞速下滑，随着1929年证券市场崩溃，自由经济的黄金时代结束了。1933年3月4日，富兰克林·罗斯福入主白宫，掀起新政旋风。

如果说经济震荡是座活火山，金融便是火山口。经济不稳，老百姓首先想到的是把存款取出来。可银行早已拿储户的钱炒了股，面对“挤兑”人潮，银行束手无策。罗斯福上任后的第三天，便拿金融体系开刀，下令银行歇业整顿，国会通过《紧急银行法》，对银行全面清查，同时严禁黄金出口，暂停外汇交易。经过严格审查，多数银行重新开业，金融恐慌渐渐平息。

病来如山倒，病去如抽丝。恢复金融秩序并非一招就灵，为了重建金融，政府采取了分步手术。第一步，放弃金本位。国会通过《黄金储备法》，美元贬值59.06%。此举提高了出口竞争力，减轻了低收入阶层的债务负担，物价开始稳步回升。第二步，重点在规避金融风险。

1933年和1934年，国会先后通过了《证券法》和《证券交易法》，要求增加上市公司的透明度，建立证券发行保证金制度，对用银行贷款购买股票实行控制，并严格限制交易人员、中间商和经纪人从事证券买卖。

以上两部法律出台，迫使投资银行和商业银行分离，减少了商业银行的股市投机；建立联邦储蓄保险公司，降低个人存款风险；对始建于1913年的联邦储备委员会，进行大刀阔斧改组，设立公开市场委员会，通过控制贴现率、准备金率、公开市场业务，加大政府对银行的监管力度，金融控制权由华尔街转到了华盛顿。

通过《农业调整法》

俗话说，无工不富，无农不稳。对危机中的农业，新政府一刻不敢放松。1933年，国家农业信贷局成立，一亿美元低息贷款发放给了农民，农业债务、农场抵押问题得到较好解决。

大萧条期间最苦的是农民，增产不增收。1933年和1938年，国会先后通过两个《农业调整法》，政府与农民签订协议，减少种植面积，压缩畜栏量，有计划地减少农产品供应。政府还采取保护价收购余粮、出口补贴、谷物保险等措施，稳定农业，提高农产品价格。

“新政”期间，1000万英亩棉花被犁掉，2000万英亩土地休耕，600万头猪崽被宰杀。这些怪诞做法招致种种非议，可农业收入增加了一倍，农民不再闹事了。政府还利用生产资料价低的有利时机，大搞农业基础设施建设，发展农村电气化。到1940年，全美输变电线路横跨主要农产区；20世纪中叶，美国农村基本实现了电气化。

鼓励自由竞争

企业无序竞争、垄断盛行，是造成经济衰退的一大原因。罗斯福不顾在野党的风言风语，于1933年推动出台了《国家工业复兴法》，并由政府出面协调各行业工会统一行动，制定公平贸易和竞争规则；组织工人与雇主谈判，就最高工时、最低工资、再就业达成协议。3年内制定行业法规746个，95%以上的工人获得了劳动保障权。

20世纪二三十年代，以控股公司为主的垄断组织欺行霸市，罗斯福力排众议，矛头直指垄断组织。政府在早先的《谢尔曼法》《克莱顿法》《联邦贸易委员会法》基础上，制定了《公用事业控股公司法》，对控股公司实行肢解和管制，两级以上的控股公司被依法取缔，股市中的投机巨鳄销声匿迹。

《反价格差别对待法》和《米勒—泰丁斯法》等法案，保护小商人、小业主，抑制大制造商、大经销商；《通讯法》《商船法》《民用航空法》《运输法》等的实施，将交通、通信业管理权收归政府，行业垄断被彻底打破了。

1930年，罗斯福的前任总统胡佛签署了《斯穆特—霍利关税法案》，大幅提高关税，引起其他国家的报复，美国经济雪上加霜。罗斯福上台后，敦促国会通过贸易协定法，开展多边贸易谈判。到1939年，美国同22个国家签订了互惠贸易协定，关税率平均降低13%，为“过剩”的美国经济打开了国外市场。

推行赤字预算

自由放任时期平衡预算的做法不灵验，罗斯福提出了“复式预算”的新理财观，把用于救济、复兴经济的赤字开支列入“非常预算”，后来干脆实行补偿性财政政策，借明天的钱，办今天的事，赤字预算成为“新政”的一大特色。

与此同时，政府又对高收入者课重税，通过财政转移支付接济穷人。通过以工代赈、公共工程创造就业岗位。联邦紧急救济署拿出132亿美元，先后组织250多万未婚男青年“上山下乡”，为850万失业者提供了临时工作。

兴办公共工程共耗资65亿美元，主要由私人承包，通过种种办法刺激社会投资，1932—1937年，私人投资增长12倍。救济、就业问题初步解决后，政府又把社会保障列入时间表。1935年8月，罗斯福签署《社会保险法》，养老金、失业保险、老年保险、不幸者救济，都由联邦政府拿大头，美国迈出了向福利国家过渡的关键一步。

1936年，英国经济学家凯恩斯出版了《就业、利息和货币通论》，首次提出当生产过剩、消费不足时，政府要运用财政、货币政策刺激投资，促进经济复苏。凯恩斯为美国“新政”提供了最佳的理论诠释。“新政”的成功，为困境中的自由经济打开了通道。政府对经济生活不能袖手旁观，成为罗斯福以后美国历届政府的基本信条。

第5节　布雷顿森林体系

第二次世界大战结束时，美国不仅是军事上的战胜国，在经济上也以胜利者的姿态崭露头角。当时它已拥有250多亿美元的黄金储备，约占世界总量的75%，成为国际上实力最雄厚的经济大国。于是财大气粗的美国“挟黄金以令诸侯”，建立了一个体现自己意志的货币合作协定——布雷顿森林体系。

特里芬难题

布雷顿森林体系的核心内容之一，就是美国以黄金储备为保证，向世界各国提供美元，由美元来充当唯一的国际货币。美国政府承诺：“美元和黄金一样可靠”，各国可以按照“1盎司黄金等于35美元”的官方价格，随时用美元向美国兑换黄金。

在布雷顿森林体系中，美国承担两个基本职责：一是要保证美元按固定官价兑换黄金，以维持各国对美元的信心；

二是要为国际贸易的发展提供足够的国际清偿力（美元）。然而信心和清偿力却是有矛盾的，美元过少会导致清偿力不足，而美元过多则会出现信心危机。

原因在于，美国要持续不断地向其他国家提供美元，只能让自己的国际收支始终保持赤字，由此留下的“大窟窿”，唯一的填补办法就是开动印钞机，印刷美元现钞。这无异于往锅里加水，结果是美元越来越多。

然而另一方面，收支赤字意味着美国的黄金储备不仅不能增加，反而会由于别国的兑换而减少。这样，一边是美元越来越多，一边是黄金越来越少，势必会造成“粥越来越稀”，美元兑换黄金失去保证，美元出现信心危机。时间一长，布雷顿森林体系自然也就无法维持。

清偿力和信心之间的这种两难境地，最早是由美国学者特里芬提出的，因此被称为“特里芬难题”。事实上，由任何一种主权货币来充当唯一的国际货币，“特里芬难题”都会存在。

美元荒变美元灾

事实不幸被特里芬言中。在二战结束后的最初几年里，欧亚各国百废待兴，需要从美国进口商品，但由于缺乏美元，所以形成了美元荒。从20世纪50年代开始，美国靠发债缓解了国际清偿力不足的矛盾，但在50年代中期之前，美元比较紧缺，各国仍愿意持有美元，尚未出现对美元的信心问题。

1958年以后，美元荒变成了美元灾，美国巨额的债务引起了许多国家的不满。其中法国总统戴高乐的言辞最为激烈，他抨击道：美国享有“过分的特权”，其国际收支赤字实际上无须纠正，可以用印制美钞的方式来弥补；而其他国家一旦发生赤字，只能采取调整措施，蒙受失业和经济增长下降的痛苦，甚至不得不勒紧裤带，省吃俭用地节省外汇。

对于这些不满情绪，美国始终置若罔闻，更不愿意为此付出调整国内经济的代价，减少国际收支赤字，依然对发行美钞乐此不疲。原因在于，美元可以用于国际支付，只要印钞机一转，不但能够轻而易举地抹平赤字，而且其他国家的商品和劳务也可滚滚而来。

20世纪50年代末期，美国黄金储备大量外流，对外短期债务激增。到1960年，美国短期债务已经超过其黄金储备，美元的信用基础发生了动摇。当年10月，爆发了战后第一次大规模抛售美元、抢购黄金的美元危机。

美国政府请求其他国家予以合作，共同稳定金融市场。各国虽然与美国有利害冲突，但美元危机直接影响国际货币制度，也关系到各自的切身利益，因而各国采取了协调冲突、缓解压力的态度。

除合作性措施之外，美国还运用政治压力，劝说外国政府不要拿美元向美国兑换黄金，并与当时的西德政府达成了协议。但有些西方国家，特别是法国政府就对美国的施压手法非常反感，丝毫不买美国的账，仍要求兑换黄金，带头冲击美元的霸主地位。

美元与黄金脱钩

20世纪60年代中期，越南战争爆发，美国国际收支赤字进一步恶化，到1968年3月，其黄金储备已降至约120亿美元，只够偿付短期债务的约1/3。

结果在伦敦、巴黎和苏黎世黄金市场上，爆发了空前规模的美元危机。仅在半个月内，美国黄金储备又流失了14亿美元，巴黎市场金价一度涨至44美元1盎司。

于是美国政府要求英国关闭伦敦黄金市场，宣布实行“黄金双价制”，即各国中央银行之间的官方市场，仍维持35美元1盎司的官价，私人黄金市场的价格，则完全由供求自行决定。

到1971年，美国黄金储备已不足100亿美元，美元贬值的形势越来越明显，由此引发了一场资金外逃狂潮，并于当年夏天达到了顶点。面对各国要求兑换黄金的巨大压力，1971年8月15日，尼克松总统被迫宣布实行“新经济政策”，切断美元和黄金的联系。其他国家所拥有的700多亿美元到底还值多少黄金，美国政府从此再也没有明确说法。

美元不再和黄金挂钩，实际上等于废止了《布雷顿森林协议》，宣告了布雷顿森林体系的崩溃。从此美元不再兑换黄金，美国政府也不再承诺“美元和黄金一样可靠”。美元没有黄金支撑，人们对美元也没有了信心，尽管美国通过石油禁运勉强维持了一些年，但随着日元走强与欧元的出现，美元霸权地位便开始动摇，至今仍是美国政府的一块心病。

第6节　陷入滞胀泥潭

罗斯福推行“新政”，使美国渡过了“大萧条”。在第二次世界大战后的20年间，美国政府运用财政与货币政策对经济实行干预，经济一度出现了繁荣局面，可正当人们沾沾自喜时，经济停滞与通货膨胀却结伴而来，美国经济陷入了“滞胀”的泥潭。

冻结工资、物价

冻结工资和物价，历史上也曾经有过，不过那是在战争时期。和平时期采用此招的，要数美国历史上最年轻的总统肯尼迪。1961年初肯尼迪入主白宫时，美国经济已连续7年徘徊不前。为了重振美利坚雄风，肯尼迪推行“廉价货币”政策，大幅减税，令美国经济一度重启，持续高增长。

不过，肯尼迪并未被眼前的胜利冲昏头脑，仍时刻关注着繁荣背后的通胀隐患。他对通胀成因的理解与前人不同。此前执政者大多认为，凯恩斯理论产生于“大萧条”时期，对解决“需求不足”可手到病除。然而矫枉难免过正，货币供应一旦过多，物价必然上涨。既如此，解决的办法只能是加大税收，减少财政支出，紧缩货币供应。

出人意料之外的是，抑制需求虽为通胀降了温，经济却又重回到了衰退的老路。对此，肯尼迪并不以为然。他认为，通胀的起因在于工人工资过高，高工资导致高成本。企业主不想赔钱，只能提高商品价格。而工资、物价相互攀升，通胀也就在所难免。既然通胀源于“成本推动”，最简单的办法，当然是控制工资和物价。

1962年1月，总统经济顾问委员会制定了“工资—物价指导线”，要求工资增长不得超过生产率增长；而物价上涨不得超过工资增长。据测算，1945—1960年美国平均劳动生产率增长率为3%—4%，货币工资、物价年增长率便以此为最高限。

指导线好定，执行起来却颇费周折。当时美国最“牛”的是汽车和钢铁业，为了把他们这些巨头搞定，肯尼迪恩威并施：致信企业主和工会，推动三方谈判。对不听话的打压，对合作的给予扶持。最后，各主要行业终于签订了工资—物价合同。

纸面合同签订后，效果并不理想，工资、物价先降后涨，始终没能在指导线下稳住。肯尼迪遇刺身亡后，该政策也就很快偃旗息鼓了。此举之所以行不通，原因是此举只是政府一厢情愿。

美国劳动力长期短缺，高工资是历史传统。美国在世界上最早建立了工会。19世纪80年代，全国劳工联合会成立；1955年，“劳联”又与“产联”合并。工会组织如此强势，对限制工资增长自然要群起抵制。

降低工资，按理企业主应该拥护，可事实并非如此。各行业情况千差万别，劳动生产率高、竞争力强的企业要抢得先机，就得靠高工资吸引熟练工人，企业主当然难以从命。而劳动生产率低、竞争力差的企业，本来就在为成本过高发愁，可政府要求把工资提到指导线附近则是雪上加霜。

尼克松走得更远

肯尼迪的继任者是约翰逊，继约翰逊之后是尼克松。尼克松原本是肯尼迪的竞选对手，对控制工资、物价政策并不“感冒”。1969年，尼克松成为美国第37任总统，上任之后，他面对的是越南战争给美国带来的巨额赤字、大量亟待就业的复退军人，以及来势汹汹的通货膨胀。新政府在最初两年，锐减开支，紧缩货币，控制需求，可经济不升反降，通胀也愈发不可收。

无奈之下，尼克松只好重走控制工资、物价的老路，而且比肯尼迪走得更远。1971年8月，他宣布工资、物价冻结3个月。这一招有釜底抽薪之效：物价果然不再上涨，劳资双方也打消了讨价还价的念头，通胀被硬生生地止住了。可“冻结”并不是长久之计，形势好转，管制一旦放松，通胀又卷土重来。“冻结”只能给通胀退烧，却除不掉病根。

1973年10月，中东爆发战争，国际油价飙升，从而拉动物价大幅上扬，通胀骤然升至两位数。尼克松政府故伎重演，于当年又实行60天价格冻结，但解冻之后，不仅通货膨胀居高不下，就业率也直线下滑。1974年8月，尼克松因“水门事件”引咎辞职，工资—物价管制于是停摆。

尼克松的冻结政策失败，有多方面的原因，其自身也有致命的缺陷。靠冻结政策人为限制物价，会导致价格信号失灵，资源配置扭曲，经济无法健康运行，高就业、低通胀当然成了镜中花、水中月。

收入政策寿终正寝

卡特总统是收入政策的最后一位实验者。1978年10月，他提出了“非强制性工资与物价指标”，试图通过税收刺激，鼓励工人和企业保持低工资，稳定物价。具体思路是：政府规定工资增长指导线，工资高过此线，就对企业、个人增税；工资低于指导线，企业和个人可享受减税待遇。

这种做法无异于鞭打快牛，保护落后。效益好的企业无法用高工资吸引工人，开工不足发展乏力；对工人来说，则是奖懒罚勤，效率公平俱失。此方案一经提出，便遭到议会否决，收入政策从此寿终正寝。

对付经济萧条，人们曾经以为凭财政、货币政策便可包打天下，不想在通胀面前，却显得无能为力。其后继者以收入政策为补充，指望能够驯服通胀，却也是枉费心机。决策者从中悟出了一个道理：政府不是万能的，经济自身的力量更可畏。国家干预这只看得见的手只有和市场这只看不见的手协调并用，经济方可畅行无阻。

第7节　里根改弦易辙

1980年，罗纳德·里根参选美国总统。尽管他声望颇高，但还是有许多选民犹豫不决：这位加州州长已年近七旬，能扛得动美国的重担吗？为了打消选民顾虑，他请医学专家为自己查体，并将结果公之于众：除了左耳听力稍有损伤，一切如常。里根一方面忙着为自己查体，另一方面也没忘了给美国经济把脉。此时美利坚身染“滞胀”沉疴，似乎已无药可医。里根上任后，一改国家干预经济的套路，令美国经济重现生机。

大幅度全面减税

美国经济缘何“滞胀”缠身？有人说是凯恩斯惹的祸。20世纪30年代，西方世界遇到空前的经济大衰退，凯恩斯提出了国家干预经济主张，而罗斯福与凯恩斯不谋而合，开始推行“新政”，用政府这只有形之手，成功地遏止了“大萧条”。此后，国家干预走进了美国经济生活。

1946年，美国颁布《就业法》，把“最大的就业、产量和购买力”作为经济长期目标，且“财政赤字无害，适度通胀有益”成了历届政府创造政绩的不二法门。凯恩斯主义为美国经济带来了高增长，也带来了高赤字、高物价。前面说过，到70年代尼克松执政时，通胀像雪球越滚越大，于是他强行冻结工资、物价，不料稍一解冻，通胀更是一发而不可收。

里根出任总统后指出，国家过度干预经济，限制了经济活力，是造成经济恶性循环的根本原因。出路只有一条：减少政府干预，重倡经济自由。为了对付“滞胀”，里根改弦易辙，使出了“三减一稳”的四路拳法：减轻税负、缩减开支、减少政府干预、稳定货币供应量。

数十年的赤字预算，使美国政府捉襟见肘。为弥补国库空虚，传统的办法是增税。美国人让增税增怕了，每逢新政府开张，总是“双手捂紧钱包，两眼盯住总统”。里根的“经济复兴计划”让民众松了口气。

1981年8月，国会通过减税法案。三年内削减所得税23%，美国企业、个人少缴所得税3500亿美元。1986年8月，国会又通过税制改革法案，将税率等级由14级简化为2级，个人所得税最高档税率由50%减至28%，公司最高税率从46%减至34%。

该法案实施后，美国个人税负又减少了1200亿美元。政府为何放着花花绿绿的钞票不收？原来，里根总统自有高见：减税就像放水养鱼，轻税薄赋，让利于民，让企业和百姓的腰包先鼓起来，税基厚实了，税率虽降，政府的钱柜却会塞得更满。

果不其然，从1982年底开始，美国经济持续25个月高速增长，失业率从10.7%下降到7.1%，劳动生产率上升了3%。美国国民生产总值占到了西方发达国家总量的47%。

缩减开支、放松管制

政府减税，势必缩减开支。然而增支容易节支难。20世纪30年代，罗斯福开了福利保障先河。增进社会福利之后便成了历届政府对公众的允诺。老百姓从中得实惠，政治家借机得选票，财政却为此背上了包袱。

到里根执政前，这笔开销已占财政总支出的一半以上。羊毛出在羊身上，欠账迟早得老百姓自己还。里根政府痛下决心，对福利制度大刀阔斧进行改革。削减内容涉及家庭补助、医疗照顾、住房津贴、特殊行业拨款等方方面面。

不到四年时间，里根政府削减福利支出5.6%，总计350多亿美元。裁减公用事业冗员30万人，100多万能自食其力的人，不再享受政府救济。这些做法，虽屡遭激烈反对，却减少了财政浪费、调动了劳动者的积极性。

里根治理经济频频得手，还得益于放松政府管制。他深信只有管得少，才能管得好。他让副总统布什牵头，组成内阁级别特别小组，专门研究如何缩减政府管制权。在里根的坚持下，联邦法规撤销了1/3，仅此一项节省成本150亿美元，为纳税人省掉了3亿小时填表时间。

同时，《反托拉斯法》也被新政府束之高阁，不仅石油、天然气、航空、货运等行业可自由定价，金融机构也能从事多种经营，允许企业展开优化重组，掀起了美国有史以来最大的企业兼并潮。简政放权对工商业无疑是“利好”消息，社会投资热情高涨，推动经济不断复苏走强。

执行“单一规则”货币政策

为抑制通胀，里根把“注”押在稳定货币供应上，执行“单一规则”货币政策：中央银行确定货币投放，只盯住两个指标：经济增长速度、劳动力增长率，货币投放稳定在两个指标之内。同时，取消利率上限，吸引外资，缓解资金缺口。高利率导致高汇率，大量廉价的外国商品涌入美国市场，通胀压力迅速缓解。

里根执政的前3年，通货膨胀率由两位数，下降到平均3.9%，达到17年来的最低水平。在他第二个任期内，即使由于国际油价上扬、美元贬值，推动物价指数上升，通胀率也不过4.4%。

当然，里根治疗“滞胀”的方案也并非完美无缺。有的措施彼此促进，有的却相互掣肘。比如政府既大砍福利性开支，却又拼命扩充军备，一减一增，旧的亏空没填上，新的赤字又出现了。稳定货币供应，提高利率和汇率后，外国商品特别是日货充斥美国市场，国内企业大伤元气，出口乏力，利润下降，又进一步影响了税收。

巨额财政赤字与巨额外贸逆差，像一对孪生兄弟留给了里根的继任者。1988年，政府财政赤字近2000亿美元，全国债务总额相当于生产总值的1.8倍，美国成为世界上欠外债最多的国家。今天的债就是明天的税，从这一点来看，高增长、低通胀是以牺牲未来为代价的。不过尽管如此，里根政府毕竟把通胀降伏了。

1989年1月，当78岁的里根告别白宫时，美国民众对这位演员出身的总统心存感激、恋恋不舍。里根政府的经济政策，令经济出现了复兴。企业获得了更多自由。他们相信，只要假以时日，美国定能重振雄风；老百姓虽然少了一些免费午餐，却不再为物价上涨寝食难安。虽然日后还将为“巨额债务”付出代价，但增强了战胜通胀的信心。

第8节　科技独领风骚

2000年3月上旬，道·琼斯指数和纳斯达克综合指数双双暴涨。股市是经济晴雨表，美国经济此时正是牛气冲天：经济保持107个月持续增长，打破了第二次世界大战后的最高纪录，物价稳定，就业充分。更引人注目的是，美国的科技创新遥遥领先，当时许多美国人认为，他们已进入“新经济”时代，经济发展将会持续强劲。

克林顿的应对

可是不到一个月，形势急转直下，股市开始狂泻不止，到年底，道·琼斯指数跌幅超过20%，纳斯达克股票缩水过半，4万亿美元打了水漂。投资者如惊弓之鸟，割肉而逃；各大公司纷纷裁员；老百姓开始扳起手指头过日子。

美国经济迅速降温。踌躇满志的小布什总统遭遇迎头一棒，他怎么也想不通好端端的经济，怎么说不行就不行了呢？其实原因要回溯到8年前。应当说，他父亲老布什打伊拉克确实有一手，但抓经济却一团糟。美国经济一度负增长，1992年财政赤字达2930亿美元；美国商品不仅在海外节节败退，在国内也渐渐失宠；失业率蹿到7.5%，近千万美国人失业。后院起火，日本、欧洲乘机叫板，美国霸主地位岌岌可危。

1992年，临危受命的克林顿，为重振王者之风，打出了长短结合的两套牌：既图近利，以解燃眉之急；又取长功，试图盘活持续发展这盘棋。

财政赤字、出口乏力、失业率攀升，是悬在新政府头上的三把利剑。克林顿的应对之策：增收节支、公平贸易、扩大就业。增收主要靠征税。他提出5年内增税2410亿美元。这次税改强调“公平税负”：外资企业没了税收优惠，占美国人口1.2%的富人阶层，负担新增税收的81.3%，4000万中低收入者则享受减免税待遇。

克林顿政府的节支措施，重点是精兵简政。军费一次性缩减了500亿美元，联邦机构连撤带并，有10万政府雇员下岗分流。几笔账算下来，财政开支减少2550亿美元，到1998年，美国财政破天荒地盈余728亿美元。

除此之外，美国还举起“公平贸易”大旗，把持关贸总协定和世贸组织，远交近攻，纵横捭阖，展开多边贸易谈判，消除贸易壁垒、打开出口通道。同时实施“国家出口战略”，放松管制、增加贷款、提供担保，引导企业开拓“新兴市场”。为增加就业机会，克林顿上任当年就拨出310亿美元，大搞基础设施建设，50万失业者重新有了就业岗位。

抢占科技制高点

克林顿踢出头三脚，旗开得胜。可在他看来，美国经济要赢得未来，必须抢占科技创新的制高点。在新一轮竞争中，美国应把目光瞄向信息革命与制度创新。1993年9月，美国“信息高速公路”计划出台，克林顿亲自执掌国家科委主席帅印。几年下来，美国信息技术投资占全世界的40%，人均投资量比世界平均水平高8倍。

有巨额投资支撑，美国便成了全球信息产业的老大，软件业年增长12.5%，网络经济增速高达174%。信息产业对经济增长的贡献率达35%，从业人数近2000万。全球信息技术公司100强中，美国独占70多个席位，全球软件市场75%以上是美国产品。科技创新推动产业升级，许多传统产业部门嫁接新技术，大规模改组改造，美国制造业的生产率比欧洲及日本高出20%，服务业高出近50%。

美国科技创新独领风骚，其中制度创新功不可没。为提升产业竞争力，美国政府放宽反垄断限制，鼓励企业强强联手，掀起百年来最大的兼并潮。波音与麦道联姻，组成航空业巨无霸；埃克森与美孚携手，成为世界石油大王；国民银行与美洲银行合并，缔造出金融帝国；互联网霸主美国在线、娱乐传媒巨人时代华纳重组成功，创下3500亿美元交易天价。

一方面，对国际市场竞争激烈的产业，美国打造经济航母。另一方面，对无人匹敌的行业，政府又按“原则”办事。如“微软”就因捆绑销售而遭肢解，其用意是要鼓励国内同行业之间竞争。

从制度创新看，金融创新可谓厥功至伟。信息产业最大特点是高风险、高回报。创业之初，往往是几个年轻人凭着脑瓜灵打天下，没有识才慧眼，很难成就大事。政府放手发展民间风险投资公司。1993年出台了一个法案，鼓励银行向风险企业贷款，甚至承诺企业如果破产，政府包赔90%。美国风险投资公司多达4000多家，每年都有1万多家高科技企业受益。

1999年11月，国会通过了《金融服务现代化法》，允许银行、保险公司、证券经纪商相互兼并，实业家、金融界、普通投资者皆大欢喜，以科技股为主的纳斯达克股市更加火爆。美国各大公司大搞股票期权，“干得好，给股票”，成了董事会的口头禅。跨国公司还搞起管理创新，授权、代理制，网上销售、零库存管理等新理念，为企业带来了丰厚利润。

繁荣与隐忧并存

在克林顿总统任内，科技创新为美国长远发展增添了新动力。按理美国经济应该从此一帆风顺，却为何横生波折？原来，美国经济并非金刚不坏之身，繁荣背后也有隐忧。高科技产业因股市而兴，也会为股市所累。股市主要靠股民信心支撑。很多企业股价一路狂涨，并不是因为企业的盈利水平高，而是被投资者看好，买股票不是看业绩，而是炒预期。

1997年亚洲爆发金融危机后，国际游资纷纷登陆美国资本市场，放松银行管制使更多的金融机构卷入股市，拉高搏傻，投机严重，股市出现震荡也就不足为奇。经济持续走高，人们已习惯于贷款消费，使私人债务越积越多，到1999年甚至出现了负储蓄。美国家庭资产48%投在股市，股市一变天，必然引发债务地震。

再有，新技术产业造就了一批新的富贵，而传统制造业却每况愈下，由此人们的收入差距越拉越大。在美国，富人和穷人的比例各占20%，而前者收入是后者的9倍，社会阶层两极分化，也是影响经济不稳定的重要因素。

纵观世界经济发展史，经济增长没有永恒的神话，美国也不能例外。2007年美国次贷危机引爆国际金融危机，已充分佐证这一点。特别是进入21世纪后，经济全球化潮流不可阻挡，美国为了维护其美元霸权地位是否会逆潮流而行尚未可知，世人将拭目以待。

英国风光不再

英国曾是重商主义的故乡，但斗转星移，当英国完成工业革命，从农业国变为了工业国，“重商主义”成了明日黄花。

伦敦金融机构众多，政府“诚邀天下客”，敞开大门欢迎各路财神一起竞争。19世纪初伦敦已经成为世界“钱庄”。

为控制通胀，撒切尔采用紧缩货币政策，经济增长几近谷底。当走过这个“拐点”，经济开始回升，有惊无险，闯过了难关。

20世纪70年代初，首相爱德华·希思曾倡导私有化，但因多方抵制而未如愿。1979年撒切尔权衡利弊，决意推行私有化。

1948年，英国基本实现全民保障，成为“福利国家”，世界上很多国家纷纷到英国取经，但庞大的福利体系已让英国政府苦不堪言、骑虎难下。

第二章
英国风光不再

在世界历史长河中，英国曾书写过一段辉煌的篇章。早在16世纪，其凭借强大的海军实力在全球抢占殖民地，号称“日不落帝国”；18世纪60年代，又率先开启工业革命，其影响跨越时空，在世界舞台上留下了深刻印记。然而进入20世纪后，英国经济却一路走下坡、风光不再。

第1节　告别重商主义

15世纪末，航海业空前发展，哥伦布发现新大陆，欧洲商人为之狂喜。从前，他们只能往返奔波于地中海沿岸，可如今太平洋、大西洋乃至全球，都成了他们做商品贸易的市场。活动空间扩大，意味着有了更多的机会去赚取真金白银。

《航海条例》引起冲突

英国的海岸线很长，外贸条件得天独厚，伦敦、利物浦成了繁忙的港口城市。美洲的土豆、蔗糖和咖啡，亚洲的瓷器、茶叶及烟草，走进寻常百姓家，英国商品也源源不断地卖到了世界各地。

1600年成立的“东印度公司”，垄断了中英、印英间的贸易往来，把在印度种植的鸦片转卖给中国，赚取丰厚的利润。1610—1640年，英国的外贸额增长了10倍。商业贸易飞速发展，国家财富增长很快，英国呈现一片欣欣向荣的景象。经济学家威廉·配第由此得出结论说：“从业之利，农不如工，工不如商。”

贱买贵卖让商人一个个腰缠万贯，让世人仰羡。商人有了钱，通过购买土地成为贵族，可以出席议会，在政坛上也就有了话语权。但是，这并不意味着他们控制了政权。于是，他们需要一种理论，来说明商业的极端重要性，去争取政府有力的支持。

商业繁荣兴旺，重商主义风靡一时。重商主义者认为，金银才是真正的财富。国内贸易不能增加金银，所以应通过扩大贸易顺差，从他国获取。而要取得贸易顺差，政府就要奖出限入。一方面，给予出口商补助，降低出口产品成本；另一方面，对进口商品征收高关税，让进口商获利甚少，甚至无利可图，迫使他们放弃进口。

重商主义者还信誓旦旦地说：政府要是采取这些措施，英国必能日进斗金，不仅可维持王室开支，改善民众生活；更重要的是，这代表着英国将来会有更多的舰队、更广阔的殖民地、更大的市场、更丰厚的利润，国库会日益殷实。

重商主义者构建的“蓝图”，果然让政府动了心。为争做世界霸主，政府不但接受了他们的主张，而且还以家长身份庇护本国工商业者的利益。17世纪，为扩大本国航运市场，颁布了《航海条例》，规定某些国家的土产品只能卖给英国，并且卖给欧洲的货物，只能由出口国或英国的船只运输。

当时，那些原料出口国的运输能力皆微不足道，只有荷兰能和英国一争高低，该条约具有明显的针对性，可谓司马昭之心，路人皆知。对这种“霸权主义”行径，荷兰并没有“逆来顺受”，17世纪至18世纪，英荷打了四次战争，可都是英国取胜。这样在“重商主义”的指引下，英帝国四处伸手，占领的殖民地越来越多。

《国富论》鸣锣开道

然而斗转星移，当英国完成工业革命，从农业国变为工业国，“重商主义”成了明日黄花。工业革命前，英国是一个农业国，限制外国农产品进口、保护本国农业，符合大多数人的利益。1815年，为了维护本国农民利益，英国颁布了《谷物法》。该法规定：除非国内粮食稀缺、价格高昂，否则不得进口，通过高关税，阻挡外国农产品竞争。

工业革命后，绝大多数英国人从事工商业，《谷物法》对他们并无好处。粮价高，生活费用就高，工人对工资的要求也高，工商业主面临“两难选择”：要么工人罢工，工厂不能运转；要么提高工资，减少自己的利润。英国工业引领全球，产品丰富、竞争力强，迫切要求拓展海外市场，而长期实行保护贸易政策，不利于产品外销。

以废除《谷物法》为契机，工商业者要求实行自由贸易政策。可在《谷物法》的兴废问题上，英国两大政党意见相左。托利党（即后来的保守党），代表土地贵族的利益，主张继续执行贸易保护政策；辉格党（即后来的自由党），代表工商业者的利益，要求实行自由贸易政策。

经济形势的变化，呼唤新的理论与政策。在此期间，有两位经济学家格外引人注目，他们就是亚当·斯密和大卫·李嘉图。1776年，斯密出版了《国富论》，他提出了“绝对成本优势”学说，为自由贸易鸣锣开道。他说，人的本性是利己的，都希望用最小的投入获得最大的产出，让人们自由参与国际分工，让商品自由交易，会使国家利益最大化。

在此基础上，李嘉图又进一步提出了“比较成本优势”理论。他认为，每个国家都有自身优势，生产本国成本较低的优势产品，然后拿到国际市场出售，大家互通有无，贸易双方都能以较小的代价获得各自的需要，可以“双赢”。

成为自由贸易国家

随着国际分工理论渐渐深入人心，废除《谷物法》已是大势所趋。1839年，反谷物法同盟在曼彻斯特成立。不久，罗伯特·皮尔出任保守党内阁首相，但他并不坚持贸易保护政策，在任期间多次降低关税，并于1846年废除了《谷物法》。他解释说：“在发明方面，在工作方面，在才能方面……所有方面，我们都站在世界的前面，我们还会害怕竞争吗？”他说的确实是实情，英国的工业生产占到了世界的一半，是名副其实的“世界工厂”。

但是，历史却给他开了个玩笑：保守党不能容忍他的“背叛”，他的内阁被党内人士推翻。然而贸易自由化潮流不可逆转。1849年，贸易保护主义的另一条约——《航海条例》也被废除，英国逐渐成为自由贸易国家。自由贸易政策展现出它的巨大功效。

英国经济学家杰文斯曾在《煤的问题》一书中不无自豪地说：“自由贸易，曾使地球上不少地区自动向我们进贡。

北美洲与俄罗斯平原是我们的麦田，南美洲有我们的放牛场，秘鲁赠送它的白银，黄金从加利福尼亚与澳大利亚流到伦敦，中国人替我们种茶，西班牙与法国是我们的葡萄园，地中海是我们的果园……”

第2节　工业革命一马当先

轰鸣的机器、高耸的烟囱以及规模化生产，曾是工业革命的象征。因为机器的发明与使用，工业、农业、运输业，乃至整个经济社会发展日新月异，显现出勃勃生机。英国的工业革命，始于18世纪60年代，比起西方其他国家至少早了半个世纪。

两次“圈地运动”

英国作为一个弹丸之国，工业革命为何能一马当先？这还得从“圈地运动”说起。英国的“圈地运动”，历来千夫所指，被喻为“羊吃人”。但从纯经济角度看，则实属必然。

16世纪，世界贸易的帷幕已经徐徐拉开。在当时的国际市场上，羊毛制品大受消费者欢迎。而毛纺织业，恰好是英国的主打工业，在出口上很占优势。可作为原料的羊毛，由于需求量大增，供给不足，价格猛涨，一时间羊毛在世人眼里，贵若黄金，炙手可热。

精明的农场主发现，同一片土地假如用来养羊，会比种植业成本更低、赚头更大。于是为扩大牧场，他们贪婪地圈占公地、焚毁村庄，使用暴力驱赶份地上的农民，大量农民被迫背井离乡。这就是“圈地运动”。

到了18世纪，羊毛的供应趋于饱和，而随着人口的增长，粮食需求急剧上升，尤其是在拿破仑战争期间，进口粮食的管道被封锁，供应更显紧张。于是为了扩大耕地，又发生了“圈地运动”。

“圈地运动”就本质而言，是一场土地私有制的初始界定，它为城市工业发展加油添料，提供了劳动力和物质准备。农民失去了土地，那些原本“自给自足”的自耕农，像一颗颗石子在历史长河中悄悄地沉淀了。农民无以为生，自然就涌向城市，成为工业的后备军。

经过两次“圈地运动”，农村自然经济已不复存在，土地贵族大发横财，积累了大量资本，他们不再亲自经营土地，而是转租出去坐收地租；农业资本家效仿工业管理方式，雇佣“农业工人”，采用先进技术，并一改分散经营的传统，实行机械化作业。这一改变，结果使种植业、畜牧业飞速发展，产量大增，城市所需的粮食、工业所需的原料，也因此有了足够的保证。

殖民掠夺积累资本

英国作为宗主国，殖民地永远是其廉价的原料产地和广阔的销售市场。英国绅士虽保守稳进，但发财的欲望让他们四处点火，频频发动殖民战争。英国在殖民地进行贸易有一条致富捷径，即“三角贸易”：从英国带些工业品，到非洲西海岸交换奴隶，运往北美，再将当地货运回英国。每次往返，可做三次交易，利润惊人。

据记载，17世纪时，在非洲每个黑奴的离岸价是25英镑，而在美洲，每个黑奴可售150英镑，利润率高达500%。除了贸易往来，英国还通过战争、签订不平等条约、殖民统治等手段，直接掠夺殖民地财富。那些频繁往返于殖民地的英国人，回国之后一个个都富甲一方。商人的发财梦，在殖民地大都“梦想成真”！

英国人素有节俭传统，他们从殖民地赚足了钱，并不像法国人那样大肆挥霍。他们把资本积累起来用于投资，兴办各类产业，这种品行曾被拿破仑戏称为“店主人”。其实，“圈地运动”和殖民掠夺不仅使英国人积累了资本，而且也为其提供了无限的商机。落后的殖民地，对英国的工业品趋之若鹜，需求量极大。工业品奇货可居，利润丰厚。

资本的天性是追逐利润。在高利润驱使下，英国工厂纷纷加大马力，不断扩大生产规模。这样一来，原有的产业工人相对于日益增长的投资需求便显不足。要生产更多的产品，赚取更多的利润，资本家不得不考虑用机器去代替人力。于是，一场改进技术、改良机器的创新浪潮在英伦大地悄然兴起。

技术创新火车头

伴随着工业技术不断改进，社会生产力以前所未有的速度大踏步地向前迈进。在当时的英国，纺织部门是技术创新的排头兵。1733年，约翰·凯伊发明了飞梭，使织布速度加快、布面加宽。织布技术提高了，纺纱供应相对不足，为此，1751年皇家学会用重金悬赏征求“能同时纺6根棉纱的机器”。

1764年，哈格里夫斯发明了“珍妮纺纱机”，能同时纺8根棉纱；1769年，阿克赖特以瀑布为动力，发明了水力纺纱机；1779年，克隆普顿发明了走锭精纺机，进一步加快了纺纱的速度。1782年，瓦特在单动式蒸汽机的基础上，又制成复动式蒸汽机。它的出现使机器从根本上代替了人力，人类社会由此进入一个“蒸汽机的时代”。蒸汽机以煤为燃料，制造它需要铁，于是在重工业中也发生了技术革新，采煤业、炼铁业的效率大大地提高了。

如果把整个经济活动比作躯体，交通运输则是躯体的动脉。同样，原料的运进，产品的输出，都离不开车船与道路。在商品传输途中倘有闪失，经济“链条”就会脱节，旷日延时不仅会给商家增加成本，弄不好还会血本无归。为解决这一难题，1760—1830年，英国大兴土木，到处架桥铺路，开凿运河。

工业革命前，从伦敦到爱丁堡需10天，工业革命后只需2天。水运的费用比陆运更低，从利物浦运煤到伯明翰，运费只相当于陆运的1/4。道路顺畅了，反过来又对交通工具提出了新要求。蒸汽机车的出现，使车速提高了3倍，不久，铁路以其方便快捷的优势，渐渐取代了水运、陆运成了运输业的“龙头老大”。

到19世纪30年代，英国的锻压设备已一应俱全，加工机床也已出现，人们已经可以用机器制造机器，这标志着历时数十年的工业革命已大功告成。此后，英国经济一日千里，社会发展开始起飞。受英国工业革命带动，欧洲大陆、北美等一些国家也相继进行了工业革命，人类文明从此焕然一新。

第3节　打造世界金融中心

近代金融业发源于意大利，16世纪上半期，金融中心移至荷兰，相对而言，英国的金融业可谓姗姗来迟，但它却能后来居上，到19世纪初，英国金融业已搞得风生水起，伦敦成为世界各国的“钱庄”。

英格兰银行拉开序幕

很早以前，谦和的英国人为自身发展，创造了良好的政治氛围。17世纪下半叶，荷兰为摆脱外部殖民统治、解决内部纷争而忙得焦头烂额，经济发展被一拖再拖；法国的封建制度，当时根深蒂固，150年后，资产阶级革命才刚刚起步；美利坚合众国也尚未独立。

而早在1688年，英国为反对王权复辟，实现君主立宪制，新兴的资产阶级发动了资产阶级革命（史称“光荣革命”）。此后，在英伦大地上，政局稳定，社会安宁，各行各业都在祥和的环境里蓬勃发展。

经济与金融相辅相成。经过“圈地运动”后，地主发了横财；海外贸易让商人们一个个腰缠万贯；殖民地掠夺，使英国多了不少黄金白银。富起来的人们希望有专门的机构帮他们理财；同时，面对广阔的市场、丰厚的利润，他们跃跃欲试，想扩大生产规模，迫切需要融资。

钱多的人希望找到安全的存放处，缺钱的人希望能有地方借来资金，而且还要规避“来来往往”的风险，于是，金融市场水到渠成、呼之欲出。银行业、保险业、证券业，犹如八仙过海，各显神通。

英格兰银行，曾是各国中央银行效仿的典范。商人威廉·彼德森之前经营对外贸易，赚了不少钱，并用实际行动拥护“光荣革命”，很得权势。1694年，他在伦敦区针线街成立了一家股份制私人银行——英格兰银行。成立之初，该行就将其120万英镑的资本全借给政府，而政府也没亏待它，给了它很多优惠政策，特许它发行与之等额的货币。

英格兰银行很讲信誉，深得人们信赖。当时在民间有一句流行语：“像英格兰银行一样可靠。”15年后，它再次为国家提供贷款，由于它对政府的鼎力相助，特许权被一而再、再而三地延期，最后延成了无限期。由于资金流量增加，20年间它的利率下降了近一半，受到了全球资本的垂青。波澜壮阔的金融史，也由此拉开了序幕。

银行、保险并驾齐驱

英格兰银行的杰出表现，使它在银行界脱颖而出，成了“银行的银行”，行使中央银行职能：发行货币、代理国库、调节金融市场。当一般银行现金周转不灵时，可到英格兰银行办理再贴现业务；此外，该行资金充裕，能通过买卖有价证券控制货币流通量，稳定金融市场。

在此之前，许多银行都能发行银行券，并在市场上流通，这使纸币泛滥、日益贬值。1825年和1837年，发生了两次金融危机，许多银行纷纷倒闭。针对这种情况，1844

年，首相皮尔颁布了《银行规章法》，结束了279家银行发行银行券的混乱局面。让英格兰银行垄断了货币发行权，进一步明确了该行的主导地位。

真金不怕火炼。在优胜劣汰的法则下，密德兰银行、劳合茨银行、巴克莱斯银行、威斯敏斯特银行、国民地方银行经受住了考验，成了银行业的主力军。英国银行业就如一个大家族，有“家长”，有“家规”，“五兄弟”独当一面，银行体系逐步健全。

早期的经营活动，风险很大，保险业应运而生。最早的险种，是海上险，面对险象环生的大海，人类力量微弱，海外贸易虽然利润极高，可风险也大，一不小心就可能葬身海底、血本无归。若风险由多人共同承担，会减少当事人的损失。

基于这种想法，1688年，英国船商成立了“劳埃德商船协会”，探讨海上保险事宜。随后，保险公司如雨后春笋先后成立。它们收取保费、赔付损失，货币流动量很大。而且经营范围也不断扩大：购买公债、股票、房地产，办理抵押贷款。在资本市场上，保险业可谓一枝独秀。

规范证券市场

英国的股票、公债等最初在交易所的交易并不顺利。1565年，金融家托马斯·格雷欣就创立了伦敦皇家交易所，但当时市场并不成熟，有些人带着“天上会掉馅饼”的美梦，有很大的盲目性，易受投机者操纵，结果有人上当吃亏，赔得倾家荡产。

1711年，罗伯特·哈利开设了一家“南海公司”，允许人们凭政府债券认购公司股票，当该公司拥有了足够的政府债券，便成了政府的“债主”，由此，它以债权人的特殊身份，从政府那里得到了在南美洲贸易的垄断权。优惠的政策，加上投机者炒作，它的股票几度暴涨。1720年，短短7个月股票涨了大约8倍！

不幸的是，由于该公司实力有限，业务屡屡受挫，一直经营惨淡。当真相大白于天下时，股票暴跌。而那些投机商骗得了巨款，拍屁股走人；许多散户血本无归；而与此事有染的高官大臣一个个身败名裂。这就是著名的“南海泡沫”事件。

此后很长一个时期，证券市场阴云不散，人们对股票恐慌不已，谈股色变。为规范证券市场，英国政府旋即通过了《泡沫法案》，使设立股份公司从此有法可依，走上了规范轨道。

实行金本位制

英国的货币制度，曾一度实行金银复本位制，黄金和白银都是流通货币，一切币种间的比价由政府确定，可在市场上币值要受多种因素影响，实际比价与官方比价常常步调不一，结果大量黄金被熔化运出，而不太值钱的白银留下来在国内流通。

“劣币驱逐良币”，当然是英国政府所不愿看到的。1816年，政府制定了法规，实行金本位制，规定金币为本币，银币为辅币，此举使交易更为顺畅。金融是贸易的伴生物。19世纪30年代，英国完成了产业革命，商品极其丰富；水路陆路四通八达，国内外贸易熙熙攘攘、热闹非凡。私人投资浪潮此起彼伏。

在国际上，英国是顺差国，殖民地黄金源源不断地流进，黄金储备异常充足，保证了纸币与金币的随意兑换。首都伦敦通信便捷、金融机构众多。政府敞开大门“诚邀天下客”，欢迎各路财神一起竞争。当时伦敦的金融机构深得世人信赖，无论哪家银行都以在伦敦有一席之地而引以为豪。19世纪，伦敦不仅是英国的金融中心，也是世界的金融中心。

第4节　回归自由经济

20世纪70年代，英国社会危机四伏：物价飞涨、生产停滞、失业率居高不下。工党政府面对困境虽是忧心如焚，但也无力回天。1979年，54岁的撒切尔出任英国首相，她高举自由经济旗帜，大刀阔斧地改革政府管制，并亲自主持了英国的“货币主义试验”。

货币主义试验

二战后的一个时期，英国奉行凯恩斯主义，用财政政策和货币政策对经济加以干预。推行凯恩斯主义的结果，一方面为英国创造了短暂的繁荣，1951—1964年，英国经济一度出现过“两低一高”（失业率低、通胀率低、国民收入增长率较高）局面；但另一方面，凯恩斯主义也给英国带来了灾难。政府开支过大，财政入不敷出，企业税收不堪重负，银根被迫一松再松。所引起的连锁反应是：生产停滞，失业反弹，物价飙升。

到70年代末，高通胀与高失业像一头双面兽，各执一方却不知何往。英国的未来，处在一片茫然之中。执政的工党对此无计可施，不断遭到世人指责；而保守党面对这种局面，也不敢轻举妄动。此时，撒切尔站了出来大声疾呼：英国应回归亚当·斯密的传统，还经济以充分自由，切实保障人们工作的权利、花钱的权利、拥有财产的权利。总之，要使政府成为经济的仆人，而不是主人。

撒切尔新官上任三把火。第一把火，就是借用货币主义的政策主张，抑制通货膨胀。上任当年，为控制货币流通量，她手起刀落，一举削减了10亿英镑国债，将银行准备金率提高到10%，把最低贷款利率提高到17%。

紧缩货币政策，一时间令经济更加低迷、失业更为严重，这种“置之死地而后生”的做法，当时人们很不理解，1981年3月30日，英国364名经济学家在《泰晤士报》联合发表公开信，对政府加以抨击。但撒切尔并没有妥协，仍一如既往地加以贯彻。年底，经济增长几近谷底，失业人数达250万。然而当经济走过这个“拐点”后，便柳暗花明，生产渐渐复苏，物价开始回落。事实证明，她的做法看似一着险棋，但最终有惊无险，闯过了难关。

随后，撒切尔转向采用温和渐进的方式。1984年，她按最狭义货币M0来控制货币发行，这样不仅操作灵活，而且效果立竿见影。紧缩性货币政策，立马使金融形势由阴转晴。从1985年11月起，政策渐渐放松；调控重心也从原来的货币供应，转向了降低汇率。

当时的具体措施有二：一方面，将英镑和坚挺的德国马克挂钩；同时，大量吃进外汇，通过降低利率、阻止外资涌入，以降低汇率。而低汇率与低利率，又拉动了投资；到80年代末，通货膨胀率降到4.9%，经济大步攀升，撒切尔的货币主义试验，至此大获全胜。

开源与节流

撒切尔的第二把火，指向财政政策。英国是一个“福利国家”，福利支出占财政支出的60%左右。“从摇篮到坟墓”的福利体系，就像一张温床，人们躺在上面吃补贴，不思进取，而国家财政却捉襟见肘，债台高筑。为减轻财政负担，撒切尔决意压缩财政开支。于是，她一方面精简机构，为政府消肿，同时也调减福利支出，因此她被人戏称为“夺去牛奶的撒切尔夫人”。她的母校——牛津大学，也因不满她削减教师工资而拒绝授予她荣誉博士学位。

税制改革，是撒切尔的第三把火。过去，为应付庞大的财政开支，英国的税率高、税负重，它抑制投资，影响人们的工作积极性，致使很多人才外流。撒切尔上台后，在财政方面，既开源又节流，迅速将税负减了下来：

在任期间，英国政府将个人所得税的基础税率从33%减到25%，最高税率由82%减至40%，公司所得税由52%减至35%。同时，也提高了一些间接税：增值税、高档消费品的附加税。此举使国家的税收减少不多，而富人愿加大投资，穷人愿多干活，英国的人才，也不再因惧怕高额税负而移居他国。

撒切尔另一个“杀手锏”，是“私有化”。当时，许多国有企业由于政府干预较多，成本高、效率低。企业严重亏损成为国家一大包袱。为此，政府决定出售国有资产来增加财政收入；同时，广大民众购买企业股票，激活了投资需求。1979—1989年，40%的国企出售给了私人，到1990年11月撒切尔夫人卸任时，只有铁路公司、煤炭公司、皇家邮政三个部门未私有化。

改革劳资关系

英国工会势力历来很大，劳动力市场被工会垄断，几乎不受市场调节。为提高工资，工会时常组织工人罢工，致使工资上涨、企业生产成本增加、推动物价上扬；通货膨胀加剧导致实际工资下降，又引起新一轮罢工浪潮，如此反复，形成了恶性循环。本国生产成本高、利润低，资本便外流，出口产品竞争力也随之下降。

事实上，这问题困扰了英国很多年。历届政府都想在这个循环中找到一个突破口，却因担心触犯众怒而不敢出手。而撒切尔无所畏惧，果断制定了《就业法》《工会法》，对工会的职权、罢工运动作出了严格限制。此外，她还动用财力与工会较量。1984年，力量雄厚的煤炭工会举行罢工，政府以补贴形式与之抗衡，罢工持续了362天，最终以无条件复工草草收场。工会力量被大大削弱，政府权威得以维护；劳动力市场开始正常运行。

撒切尔主政时期，政府就像一支舰队，虽然阻力重重，但由于有她领航，还是乘风破浪、一往无前。到1988年，英国经济形势一片大好：通胀率下降、就业增加、人均收入提高、财政收支出现盈余、出口增加，人均实际产量增长率超过美国、德国和法国，而英国的国际地位也有所回升。用撒切尔的话说，这是“经济奇迹”。甚至反对党人士也承认：“这个国家虽然还存在很多弊端，但任何一位不持偏见者，都会为这种深刻变化感到震惊。”

第5节　私有化浪潮

20世纪40年代，英国曾一度推行国有化。然而，三十年河东，三十年河西。40年后，国有企业却纷纷改换门庭，争先恐后地姓了“私”。政府将国企这个烫手山芋拱手出让，虽有几分无奈，但也不失为明智之举。

两次国有化运动

第二次世界大战，英国作为战胜国离开了战场，但胜利者的背后，也有非常惨重的代价。经不起希特勒飞机大炮的狂轰滥炸，许多工厂、桥梁、道路等化为灰烬。基础设施被毁，经济恢复没有支撑。重建基础设施不仅耗资巨大，而且回收期长，私人资本势单力薄，不敢冒此风险。

为尽快抚平战争创伤，让经济重整旗鼓，1945年7月，由政府出面发起了第一次国有化运动。此次国有化，让英格兰银行，约1500个煤矿、煤气厂，70多家钢铁厂、供电、铁路等部门统统归入“国家”门下。到1974年，又推动了第二次国有化运动：国家企业局、国家石油公司开张营业；4家大飞机公司被政府收购，成为英国宇航公司；处于困境的造船厂联合组建英国造船公司。

国企对政府唯命是从，百依百顺：降低产品销售价格，让消费者受益；扩大就业，维持社会稳定；冻结工资，抑制通货膨胀；战争期间执行特殊经济政策；等等。政府令行禁止，企业从无二话，各种政策措施立竿见影。

世上的事有一利必有一弊。国企虽为战后经济重建立下了汗马功劳，但“大锅饭”体制，也为日后发展留下了隐患。由于人们捧着铁饭碗，干好干坏无关痛痒，不久，一些国企便开始报亏。产钢大户英国国营钢铁公司，1979—1980年中，半年亏损1.45亿英镑，平均每天约有100万英镑打了水漂。

生产成本高、资本回报率低、劳动生产率低（与私有企业相比，劳动生产率低40%左右）成了国企的通病，它们在国际市场竞争中毫无优势，在国内市场也销售不畅，出现了大面积亏损。国有化让政府尝到过甜头，也吃到了苦头。

众多国企亏损，令财政赤字大增，靠发货币“填洞”又加剧了通胀，左右两难，成了执政者的心病。

私有化步步为营

20世纪70年代初，首相爱德华·希思曾倡导过私有化，但因多方抵制终未如愿。1979年“铁娘子”撒切尔夫人上台后，她分析形势、权衡利弊，决意推行私有化。

英国石油公司由于严重亏损，又迫切需要资金，于是首当其冲，在1979—1980年出售了部分国有股，收益2.76亿英镑，为企业解了燃眉之急。随后，英国宇航公司也出售了51.6%的股份，英国联合港口公司出售了51.5%的股份，国际航空无线电公司被整体出售。

但是，由于私有化后有些企业大局观淡化了，开始变得唯利是图，人们对此顿觉不适，政府也感到茫然，私有化因此遭到非议，舆论也不看好。在这场争论中，保守党的声誉日下，私有化步伐一度变得谨慎起来。

1984年，发生了一件出人意料的事。当时英国工业部决定出售电讯公司，售价约为20亿—40亿英镑。可是凭以往经验，股市筹资额从未超过4亿英镑，所以很多人将工业部的决定当成一个天大的笑话。然而事实却让人大跌眼镜：三年共筹资36.85亿英镑。同时，公司提供的通话种类更多了，话费也降下来了。让消费者得到了实惠，私有化峰回路转，终于得到了公众理解与支持。

有了广大民众支持，政府自然底气更足。1986年，居于垄断地位的英国煤气公司被全部售出。两年后，英国钢铁公司变为私有。撒切尔明确表示，私有化“无禁区”，不仅罗弗汽车公司、英国煤矿公司将实行私有化，并且全国供电局、全国水务局等自然垄断部门也不例外。

严格监督垄断私企

私有化谁先谁后，英国政府的做法是优先出售盈利企业，因为此类企业不仅好卖，还能卖出好价钱；对亏损企业，则先转换机制、减员增效，待盈利后再卖。出售前，政府组织专家顾问小组，评估资产、制定可行性报告，并决定售出的股数及价格。企业出售后，对竞争性强的行业政府基本不管，而对垄断性强的行业则严格把关，由主管部门根据《反垄断法》《公平贸易法》予以监督管理。

国企私有化后，有些企业难免唯利是图、为富不仁。特别是那些垄断性企业，若不严加管束，就很容易居高自傲。如英国电信公司私有化之初，凭借其垄断地位，将架电话线的收费提高了2—3倍，且故障频频，维修又不及时；公用电话亭受损，也不闻不问，给用户带来了诸多不便。

针对这种情况，政府一方面支持一批地区性专业性通讯公司参与竞争，打破垄断，以改善服务质量；另一方面，采取最高限价政策，促使企业加强管理、降低成本。如此一来，英国通讯公司的价格下降27%，天然气公司价格下降13%。企业有了压力，消费者也得了实惠。

英国通过推行私有化，大多企业扭亏为盈，利润大增。英国钢铁公司，1978—1979年度亏损18亿英镑，而到1985年开始走出困境，两年后，就有了可观的盈利。进入新世纪前，英国钢铁公司的产量居世界第四，欧洲第二，同时也是世界上成本最低、竞争力最强的钢铁公司之一。

英国电信公司，私有化之前也是连年亏损；私有化后，摇身一变，面貌焕然一新，劳动生产率大幅提高，政府每年不仅有10亿英镑的税收进账，而且可分得500万英镑的红利。在20世纪80年代，英国经济增长能位居欧美国家前列，私有化应该功不可没。

第6节　福利制度毁誉参半

“从摇篮到坟墓”的福利体系，曾让英国人引以为豪：幼儿茁壮成长，老年人颐养天年。但它就像是一把双刃剑，过多过滥的社会福利，给经济增加了太重的负荷。20世纪初，英国还享有“世界工厂”的美誉，可不过100年，地位却江河日下，在欧洲充其量只能算二流国家。

福利体系包罗万象

英国由盛转衰，社会福利制度是其原因之一。英国的福利制度，是社会矛盾调和的产物。每一次社会变革，受害的往往是最底层的工人和农民，为缓和矛盾，福利制度应运而生。持续数百年的“圈地运动”，让农民无以立锥、家破人亡，对当局满怀仇恨，成了“麻烦制造者”。对此，英国政府软硬兼施，一手严厉压制，另一手安抚驯服。

1601年政府颁布《济贫法》，在全国各地设立济贫院，收容救济老人、孤儿、残疾人。18世纪开始了工业革命，劳动生产率明显提高，资本家大发其财，而许多工人却被抛向街头，陷入贫困深渊。人被逼急了随时可能揭竿而起。为了平民怨，政府不得不推行福利主义。

《济贫法》规定：儿童可以免费体检和治病，学生可享有免费牛奶，劳工受工伤应得到赔偿，失业者可领救济等。并且还规定：70岁以上的老人，只要在英国居住满12年，便可领取养老金。

第二次世界大战期间，英国有25万将士战死沙场，16万平民血溅英伦，1/3的住房被毁，举目四望，一片疮痍，大量的寡妇、孤儿、伤员、老人流浪街头。1941年6月，丘吉尔政府成立了社会保险和福利委员会，任命著名经济学家贝弗里奇为主席。

1942年12月，该委员会提出了《社会保险和有关福利问题报告书》(也称《贝弗里奇报告》)。该报告指出，当前的福利制度门槛高、数额低、管理混乱，建议建立统一的社会保障制度，增加福利支出、扩大保障范围，使人人能免于贫困、疾病、愚昧、污染和失业的困扰。

报告所勾勒出的蓝图，激起了人们心中的无限向往，英国政府以此为模板，逐步完善，使福利体系包罗万象：每个英国人都有一个社会保障号，记载了一些相关信息，符合条件的皆可拿到相应的保障金。

当一个婴儿呱呱坠地，就有一笔儿童福利金在等着他，一直可以领到16岁（若16岁后仍在校读书，可领到19岁）；上学后，可拿教育津贴；残疾人，有残疾人补助；除几项特殊的医疗服务外，看病几乎不用掏钱；年纪大了，有养老金，超过80岁还可拿高龄补助；失业者，一年内每周有30英镑的失业津贴，一年后若还没找到工作，可领取社会救济；另外还有生育补助、住房补助、困难补助等。总之，形形色色的补助，可以伴随一生。

政府骑虎难下

1948年，英国基本实现全民保障，成为“福利国家”，世界上很多国家纷纷到英国取经，以为他山之石可以攻玉，但是对英国政府而言，庞大的福利体系已让政府骑虎难下、苦不堪言。

繁多的福利项目，让财政不堪重负。1949—1950年，福利支出达到103亿英镑；1992—1993年，该项支出达741亿英镑，不仅数额巨大，而且其增长速度快于GNP。60—70年代，物价上扬，生活必需品涨得比奢侈品还多，对领取救济的穷人非常不利，福利支出也就水涨船高，财政赤字像滚雪球般地增大，政府只得通过发行大量债券来应急，不断地发新债还旧债，又使国家负债累累。

战后历届政府虽然都意识到这个问题，可由俭入奢易，由奢入俭难，国民一旦拥有某种权利，稍微削减，就会怨声鼎沸，为了选票谁也不敢贸然行事。若仅做细枝末节的修改，其收效甚微，无济于事。相对于庞大的福利支出，政府就像是一台“老爷车”，拉个百十斤还行，若要它拉上8吨、10吨，就气喘吁吁、力不从心。

更糟糕的是，社会福利就像一张温床，一些人宁愿躺在上面吃补贴，也不愿去找工作。英国《经济学家》杂志曾报道：失业者的日子并不好过，但相对于有工作的人，最穷邻居的收入反而更高，而且不用交税。社会保障得多了，人就会变得“懒惰”，只要工资不高，人们就不去工作。

前景不容乐观

当年希思政府执政期间，也曾下决心要杜绝此类现象，可工人有工会做靠山，罢工示威连绵不断，企业耗不起，政府屡战屡败，最终只能作出让步和妥协。

问题在于，高福利需要高税收支撑，若税收过高，会导致人才外流。20世纪英国最叫座的电影明星凯恩，放弃了自己辛辛苦苦打下的“天下”，移居到了美国加利福尼亚，世人对此有种种猜测，而凯恩自己说：“我热爱英国，但要等到税收政策改变后才会回去。”高额的税负，就这样“赶走”了英国的人才：惊险小说家福赛思迁居爱尔兰，著名写生画家萨瑟兰定居法国。

企业的日子也不好过，以1976年的加工业为例，本国的税后利润为8.5%，比西欧、北美低7个百分点。而收入均等化政策，让英国企业饿不死，也赚不了大钱，若想赚大钱，唯有到税负低的国家去投资。

另外，庞杂的福利制度需要大量的人力物力。在英国，社会保障部含总部和6个专门机构：津贴管理局、保费缴纳管理局、儿童福利管理局、信息技术局、安置救济局、战争抚恤金管理局；参与这项工作的人员约有100万，每年的管理费用就高达16亿英镑。然而林子大了，什么鸟都有，时间一长，衙门习气、老爷作风就显露出来：态度傲慢、效率低下，老百姓对此愤愤不平。

从第一部《济贫法》算起，英国的福利制度也有400多年历史，其中是非功过、苦辣酸甜，恐怕只有英国人自己最明白。但有一点可以肯定，前景不容乐观，倘若没有神助之力，英国政府要将这种福利制度硬撑到底，难度会越来越大。

德国后来居上

17世纪的欧洲诸国工商业迅猛发展，而德国却未废除封建制度，造就了容克地主的“黄金时代”。

1871年德意志帝国刚成立时，百废待兴，而到第一次世界大战前夕，其实力远远超过了英、法。人们感慨：“德国最大的本钱在智力。”

德国在二战时期推行高度集中的指令经济，在短期内虽能应付燃眉之急，但人为地改变资源配置，造成了产业结构严重畸形。

艾哈德就像一位艺术大师，将秩序融于自由之中，使联邦德国在战后经济重建中如鱼得水，发生了天翻地覆的变化。

两次世界大战期间，银行如同政府的印钞机。西德饱受过通胀之苦，战后走上了银行独立之路。

1989年11月柏林墙被推倒，东德以5个州的身份并入西德，从此拉开了对东部进行市场经济改造的帷幕。

第三章
德国后来居上

德国经济发展充满传奇色彩。工业革命前尚处于邦国林立状态，以发展农业为主；直到19世纪30年代，才开始工业革命，而到19世纪末便一跃成为欧洲第二大工业国。20世纪两次世界大战，德国皆战败，二战后经济几乎陷入瘫痪。可20世纪50—70年代，却又一路高歌猛进，被世人称为“德国经济奇迹”。

第1节　普鲁士农业改革

17世纪初的欧洲，商品经济一经萌芽，旋即表现出异军突起、不可阻挡之势。可当时由于封建势力把持政权，自然经济根深蒂固，一个时期里，新经济与旧经济相互对峙，展开了一场生死较量。英、法等国资产阶级通过轰轰烈烈的革命，推翻了封建地主，踏上现代文明之旅。普鲁士容克地主（无骑士封号的贵族）也不得不顺应形势，进行自上而下的农业改革。

容克地主的“黄金时代”

15—16世纪前，德国工商业尚能与欧洲各国并驾齐驱，可由于新航线的开辟，沿海地区占尽天时、地利，商贸中心自然移向港口地区。在欧洲西北角，各国商人穿梭其间，国际贸易热火朝天，商品经济像是地下的岩浆，悄悄蓄积力量等待冲出地壳。相比之下，德国没有地理上的优势，门庭显得十分冷落。

1618—1648年，德国一直硝烟弥漫，外战内乱，足足持续了30年之久，原先工商业较发达的城市，由于战争而日趋萧条，昔日的辉煌悄无踪影。整个17世纪，德国工商业一蹶不振，对外不能与其他国家竞争，对内也无力与封建势力抗衡。

工商业主在德国生不逢时，可容克地主却迎来了“黄金时代”。原先粮食贸易关卡林立、阻力重重。随着航线增多，易北河、波罗的海、北海、欧洲西北角间船来船往，陆上关卡形同虚设。英国、荷兰忙着出口工业品，进行殖民贸易，其丰厚的利润使人们趋之若鹜，农业却因此受到了冷落。这一改变，使原先的农业出口国现在亟须进口粮食。

便利的交通、广阔的市场，给德国农业发展带来了机遇，农业乘机迅猛发展，粮食出口猛增。在17世纪工商业浪潮中，德国农业“一枝独秀”。容克地主一方面农商并举，进行企业化经营，另一方面又改头换面，由收租的地主变成农业企业家。

现代化进程的加快，不仅没有使德国废除封建制度，反而让容克地主坐收渔翁之利，其统治地位稳如泰山。为维护既得利益，地主把农民圈在土地上，并用法律形式再版“农奴制”，规定婢仆及其子孙都是地主的财产，择业、择居、终身大事等都得听凭地主安排。

施泰因出师不利

1806年，德法间发生耶拿大战，结果德国被打得落花流水，被分解为300个邦，军队仅剩1/5。普鲁士作为联邦的成员国被保存了下来，但比原来减少了一半的人口和土地。军事溃败后，随之而来的便是经济上的劫难。由于拿破仑的贸易封锁，粮食出口已不可能，容克地主发家致富的生命线被掐断了。

战争引起的混乱，使得商旅深感不安，工商业渐渐萧条；巨额的赔款，对战败的普鲁士来说就像是个无底洞，倾其所有也不能填其一角。在工业世界的冲击下，德国被英、法等国远远地甩到了后面。

面对失败，德国人不得不深刻反思。他们认识到，法国之所以能够取胜，表面看是其器械精良、国力殷实，实际上是它的制度比“农奴制”优越。“农奴制”已不合时宜，必须改革，否则农民没有自由，发展工商业就找不到劳动力。就连当时政府官僚阶层也承认：“旧世界已失去魔力，不再适合我们，这个流尽鲜血的国家要继续生存下去，就得适应新时代的要求，进行更新。”

封建制度迟早要被淘汰，那么宜早不宜迟。可选择何种方式来达到目标呢？是通过革命的办法推翻现行政权，还是通过改革的办法缓和矛盾？当时的首相施泰因的回答是：我们无须摧毁老传统，而只需对它进行合乎时代精神的改造。

1807年10月，政府颁布《十月敕令》，规定从1810年圣马丁节（11月11日）起，还农民自由身，允许农民自由移动与择业；无论贵族、市民、农民都可以分割、抵押、买卖土地。不久，国家又先后颁布了《关于废除国有土地上农民世袭人身隶属关系的法令》《二月法令》，进一步减少对自由的限制，禁止地主随意侵吞农民土地。

农民有了梦寐以求的自由，欢欣鼓舞。可容克地主却闷闷不乐。过去他们一直把农民当摇钱树，可现在没有了赚钱工具，岂能善罢甘休。他们声称：“宁愿再吃三次败仗，也不愿要《十月敕令》。”他们千方百计地设置障碍，阻挠改革，并把施泰因视为眼中钉，不断向拿破仑进谗言，旨在让普王将他免职。

受战争影响，容克地主实力虽有所下降，但瘦死的骆驼比马大，他们依然是国家的中坚，他们的意见上层人物不敢不听。改革的先驱者——施泰因虽然豪情万丈，但心有余而力不足，终因阻力重重而壮志难酬，于1808年逃往俄国避难。

地主变身资本家

1810年，哈登堡继任首相。他深知改革是大势所趋，但施泰因的前车之鉴令他也不敢轻举妄动。1811年9月，哈登堡采用折中的办法，颁布《关于调整地主和农民关系的敕令》，规定农民可用赎买方式解除封建义务。农民要获得土地，要么放弃原土地的1/3—1/2，要么支付25倍的年租。

这一做法，实际上是改革派向封建势力妥协的结果，就如同在改革道路上设置的一道门槛。高价的赎金是通行证。这道门槛一设便是近40年，直到1850年3月政府颁布《赎免法》，减少了对赎买土地的限制，普鲁士的农业改革才算告一段落。

由于改革不彻底，加上当时新生资产阶级势单力薄，很长一段时间只能向封建势力妥协，一些积极的主张，因与地主利益相左，实施时便大打折扣。普鲁士这种较为迂回的农业资本主义化改革，虽然保证了国家政权稳定，但却不像英、法那样直接有效，经济发展也比别国慢了好几个节拍。

通过半个世纪改革，农民虽成了自由劳动力，但改革的最大受益者依然是容克地主。1815—1847年，他们得到了1854万塔勒的赎金，而《赎免法》颁布后，又给他们带来了1950万塔勒的收入。巨额的财富转化为原始资本，容克地主又开始投资于农场、工厂、矿山、铁路，成了真正的资本家，普鲁士最终进入了资本主义社会。

自此之后，普鲁士工商业日益繁荣，国力与日俱增，在德意志联邦中，与没有变革的其他成员国相比，普鲁士实力最强，为日后统一德国打下了良好的基础。

第2节　国家走向统一

19世纪30年代，英国产业革命进入发展高潮阶段，法国的产业革命也已经起步。可德意志联邦此时仍四分五裂，笼罩在浓浓的封建迷雾之中。不甘落后的德国人认为，要赶上自己的近邻，当务之急是国家统一。

关键一步：关税改革

19世纪初，德国就沦为法国殖民地，成了仰人鼻息的附属国。1815年，滑铁卢一役，拿破仑兵败如山倒，他本人成了阶下囚，原归法国控制的德国只得易主，移交给沙俄与奥地利。同年6月，德意志联邦成立，包括34个邦和4个自由市。当时，奥地利也是联邦的一员，其首相梅特涅出任联邦首相。

梅特涅深谙“乱世出英雄”的道理，认为只有在混乱的状态下才能玩弄“平衡”权术，使各邦相互牵制，他的统治才会稳固。为防止大权旁落，他并不希望出现一个统一、强大的德国。他曾宣称：“德意志想统一，那是妄想。”在梅特涅的领导下，德联邦名义上是“联邦”，其实是一盘散沙。

在当时的德国，邦不仅太小太多，而且每个邦都有自己的法律、货币、度量衡、税制，使贸易往来阻力重重。如从汉堡到奥地利，得过10个邦，交10种税。邦与邦之间，互相倾轧，你收过境费，我也收过境费；你商品卖得便宜，我的卖价就更低。相互间常常斗得两败俱伤。而邻近的其他国家，却从中大获其益。

不幸的是，人家坐收渔利，反过来还骂你傻。德国商人一个个苦不堪言，本想互通有无，可一抬脚就出了国门，就得交这税那费，税费五花八门，贸易所得的微利常常入不敷出。德国经济学家李斯特曾写文章公开批评说："德国的38个关税口、10条过境线，就如同将人全身捆住，使血液不能流通。"并为德国商人惋惜感慨："他们是没有祖国呀！"

在德意志联邦中，有普鲁士与奥地利两个大邦。虽然奥地利是联邦的"大哥"，但普鲁士更重视经济发展，工业基础好，经济实力更强。1818年，普鲁士财政部部长比洛针对关税种类多的状况，启动关税改革，废除邦内关税，大幅减免本邦过境税，率先向各邦表明合作诚意。这就如同两军对阵，双方都到了疲惫不堪的时候，有一方先鸣金收兵、愿结友好，另一方自然也不愿再恋战。普鲁士此举，使德意志向经济统一迈出了关键的一步。

全国关税同盟

废除邦内关税仅仅是第一步，要建立全国关税同盟并非易事。对一些小邦国来说，过境税是其重要的收入来源，要减免就等于自断财路。而奥地利等经济较落后的邦，又担心实行低关税后廉价商品大量涌入冲垮本地经济，结果反而提高了关税壁垒。这样一来，各联邦受自己利益的驱使，对经济统一一时难以达成共识。

不能达成共识，当然只能先从小范围着手，再逐步从局部扩大到整体。不久，在普鲁士的推动下，南部关税同盟、北部关税同盟、中部关税同盟相继成立。随着经济发展，聪明的日耳曼人也意识到，有市场才有财富，要增加财富，就得扩大市场。1829年，南部与北部关税同盟“联姻”。此时，普鲁士也乘机许诺，只要一加入同盟就可享有同盟内的一切优惠。

市场的魅力和利润的诱惑，成了不可抗拒的力量，吸引着各邦走进同盟，5年后，全国关税同盟成立，使全德国3/4的地区统一了关税。1852年，关税同盟扩大到德国全境，通过持续努力，1863年基本上统一了贸易法、票据法、度量衡制度，在德国政治尚未统一时，实现了经济统一。

全国关税同盟的建立，为商贸活动创造出宽松的环境，给商人们打开了便利之门。但是德国道路崎岖，新建的路多为军用，交通条件很差，货物运输成了大难题，为了解决这一问题，德国人开始向英国、美国学习筑路术。在这方面，走在最前面的依然是普鲁士。

1835年，第一条铁路纽伦堡—菲尔特线建成。德国的筑路热正是从这条仅6.1公里长的铁路开始的。此后，私人、政府纷纷投资修铁路，开始了一个“铁道时代”。4年后，德国的铁路总长就超过了法国。1870年，德意志的铁路干线就达2.1万多公里，其中普鲁士就有1.1万多公里。

经济统一促政治统一

修筑铁路不但繁荣了商业，也促进了相关产业发展。几万公里的铁路需要大量的钢铁、机器，这又刺激了采矿业、冶金业、机械制造业的发展，加快了德国工业化的步伐。1870年，德国工业生产总值占世界的13%，仅次于英、美，居世界第三。

短短几十年取得如此成就，与修铁路带来的联动效应直接相关。同时，便利的交通也进一步密切了邦与邦之间的经济往来，增进了民族间的融合。德国著名诗人卡尔·贝克曾经这样赞道："条条闪光的铁轨，是婚姻的纽带和证婚的戒指，它柔情地将各邦沟通，良缘就此缔结。"

铁路网的形成，使德意志各邦终于走到了一起。1848年3月，愤怒的民众对顽固保守、骄横跋扈的梅特涅忍无可忍，推翻了他的统治。此后10多年间，全国性组织如雨后春笋不断涌现。德意志经济学家协会、德意志商会、法学家协会、议员大会等相继举行开业大典。德意志法学家协会还为各联邦制定了统一的法律。这些组织定期集会，强烈要求政治统一，这表明对德意志学术界、商界、政界来说，统一已是人心所向。

历史总是存在巧合。普鲁士作为德国经济统一的始创者，也是最后政治统一的完成者。19世纪60年代，普鲁士发动了三次王朝战争，凭借其雄厚的经济实力与国民支持，三战三胜，打败了波兰、奥地利、法国，为国家统一清除了一切障碍。1871年1月18日，在战败的法国凡尔赛宫，普鲁士国王威廉一世加冕为德意志皇帝，其首相俾斯麦升为帝国首相。从此，世界舞台上多了个强者，欧洲格局也从此发生了重大转变。

第3节 科教兴国战略

普法战争是法国挑起的，法国本想一展帝国雄风，让德国俯首称臣，结果却搬起石头砸了自己的脚，法国人不仅吃了败仗，而且还割地赔了银子，弄得颜面扫地。原先欧洲大陆的霸主，怎会如此不堪一击，败给一个曾任人宰割的附属国？法国人思前想后，发现是德国人受教育多，士兵有勇有谋，所以能打胜仗。

尊师重教传统

很早以前，德国人就意识到了教育的重要性，在这方面投资很大。“铁血宰相”俾斯麦喜欢用武力解决争端，属好战派，老天爷似乎很给面子，他总能以弱胜强，将胜利之旗插到他国领地。屡战屡胜，当然不能归功于运气，当凯歌高奏，人们为俾斯麦大摆庆功宴时，他却将胜利的勋章送给了教育界。

俾斯麦认为，部队的作战水平高，得益于士兵的高素质，而士兵的高素质，又源于学校教育。所以，1885年他在七十大寿时，从250万马克的贺礼中，拿出120万作为学位津贴，以鼓励学校教师。

首相尚且如此，政府自然不会怠慢，在教育上决不吝啬，肯花“血本”。1900年，其教育经费达15亿美元，占国民生产总值的1.9%，而相比之下，英、法在这方面的投入要低得多。

重教和尊师相辅相成。在德国，教师社会地位很高，收入不菲，也十分受人尊重，真正成了“太阳底下最光辉的职业”。德国小孩一入学，就立志要当大学教授。由于想从事教育的人太多，竞争激烈，“门槛”自然不低，即便是想当个小学教师，光凭高学历也不够，还得与众多对手一争高低，只有出类拔萃者才会被聘用。

德国不仅尊师重教，也重视不断改进教育体系。19世纪初，普鲁士教育部部长洪堡对学校制度进行改革，建立了较为完善的教育体系，并创办了柏林大学。19世纪70年代，德国又进行了近代教育革命，规定接受教育和服兵役一样，都是公民基本义务，用强制手段“迫使”家长送孩子上学。

政府使出这一招，旨在扫盲，打好素质根基。1895年，德国文盲率仅为0.33%，是法国的1/20，其教育普及程度，让其他国家望尘莫及。

除普及教育外，德国当时的职业技术教育也很发达。建筑、机器制造、采矿等都建了专门的技术学校，1900年，仅普鲁士地区就有1070所工业实习学校。1910年，德国中等技术学校的在校生就达135.6万人。正是这些学校，输送出大批懂专业技术的人才，他们基础好、肯动脑子，很快就能触类旁通、操作娴熟，为德国日后经济飞跃奠定了坚实的基础。

高等教育造就顶尖人才

如果说普及教育是打基础，职业教育是培养技术员工，那么，高等教育则是造就顶尖人才。19世纪末到20世纪初，世界一流科学家云集德国，无论基础科学或是应用科学研究，德国理所当然成了全球的研发中心。

20世纪初，德国有5000多名化学家，当时化学界的发现和发明，几乎全被他们垄断；物理学家爱因斯坦提出的量子论、分子论、相对论，奠定了现代物理学的基础。

在数学领域，希尔伯特1899年出版了《几何基础》，消除了人们对几何公理的疑虑。第二年，他又提出了23个悬而未决的数学难题，对数学家极富吸引力，使他们对德国心驰神往，“打起你的背包，到格廷根去”（格廷根：当时德国的一个科技中心），成了数学界流行的时髦口号。

同样，在生物学、地理学、天文学领域，德国也是人才辈出、群英荟萃。从1901年到1914年，德国就有13人获诺贝尔奖，甚至20年之后，在诺贝尔奖牌榜上，德国依然高居榜首。

促进科技成果转化

对一个国家而言，拥有先进的技术发明虽然值得自豪，但却不是最终目的，更重要的是，要看它们能不能转化为生产力。德国科学家的高明之处，是他们没有躲在象牙塔里，也没有将先进的理论束之高阁，科研成果很快就融入生产中，成了新的经济增长点。

1866年，韦尔纳·冯·西门子发明了自激式直流发电机，随即世界两大电业巨头相继形成：西门子公司转变经营方向，推行电力技术，推广有轨电车；10多年后，电气集团爱迪生公司（即后来的通用电气公司）成立。这技术别的国家短时间学不会，要进行电气化改造，自己也干不了，还得请这两大公司出马。两大公司作为行业的龙头老大，不但完成了本国的电气化改造，而且当时欧洲90%的有轨电车，也是由他们建造的。

别的国家没有的，德国先有了；别的国家没发明的，德国人先发明了，他人无法与之竞争。但由于德国工业化起步晚，在许多技术领域也存在先天不足。但德国人并不故步自封，对于本国没有的先进技术，他们就利用自己的人才优势，加以学习、消化、吸收、创新。

1856年，美国人珀金率先从焦油中合成染料，一改从大自然中提取染料的传统技术，使其成本更低、性能更优。按理说在染料业上美国应该更占优势，但德国人的脑袋好像更聪明，他们很快将这项技术学到手，并加以改进，使其产品色泽鲜艳、品种丰富、耐洗耐晒，结果使德国的染料比美国的更受欢迎，20世纪初成了这个行业的霸主，占据了世界3/4的染料市场。

教育投资就像涓涓细流，虽不会立竿见影，但会逐步渗透到方方面面，时间一长便能灌溉出一片片绿洲。1871年德意志帝国刚成立时，百废待兴，虽说有一定的工业基础，但尚不能与列强们相提并论。可30年间，它的工业总产值提高了4.7倍，外贸总额增加了3倍。到一战前夕，其技术基础雄厚，工业体系完整，实力远远超过了英、法，仅次于美国，居世界第二位。对此美国人大发感慨：“德国最大的本钱在教育。”

第4节 战时经济灾难

第二次世界大战后期，协约国节节败退，当苏联红军攻进德国国会大厦时，希特勒感到大势已去，绝望之际在地下室结束了自己的生命。他统治的12年，给德国乃至全世界人民带来了深重的灾难，此一时期的经济政策，同样值得世人反思。

希特勒发动二战

第一次世界大战后，德国建立了魏玛共和国，实行议会共和制。虽然多党执政，但没有一个党占绝对优势，各个党派意见不一，致使政局不稳。德国是马克思的故乡，共产主义广为传播，尽管共产党在议会里席位不多，但很有影响力。1925年，他们提出议案，要求没收私有财产，并对此进行全民公决。尽管由于有产者横加干预，该提案没有通过，但36.4%的赞成票，让大企业家、大银行家心有余悸，害怕自己辛苦创下的家业有朝一日成了他人的囊中之物。

一波未平，一波又起。没过几年经济危机席卷全球。庞大的失业人口、不断攀升的通胀、堆积如山的过剩商品，让他们一筹莫展。虽然从殖民地能获得廉价的原料、劳动力，并推销自己的过剩商品，但德国动手较迟，殖民地早已被瓜分完毕。于是实业家想出一个两全之计：发动战争，既可通过销售军火发财，也可乘机抢占殖民地。但当局的软弱让他们颇为不满，他们迫切希望有一个强有力的政权，既保护他们的私有财产，又能让他们大发战争财。

要组织这样一个政府，总得有人站出来领头。谁是最佳人选呢？实业家苦苦寻觅。那时希特勒虽野心勃勃，想建立第三帝国，可纳粹党影响不大，成不了大气候。他意识到，若没有大亨们的支持，仅靠信徒们四处游说还是夺不了权。共同的利益让他们一拍即合。在政治上、经济上有了实业家的鼎力援助，希特勒势力大增，1933年，他如愿以偿地登上总理宝座。

希特勒一上台，为了实现征服世界的梦想，便紧锣密鼓地扩军备战。当时德国有600万失业大军，失业率高达33.4%。希特勒决定拨出15亿马克投资基础设施建设，既能扩大就业，又能为军事工业打基础，可谓一举两得。当年，失业人数减少了1/3；4年后基本实现充分就业。

1939年9月1日，希特勒发动了二战。随着战争的进展，军需品用量增加，劳动力渐显不足。政府又颁布法令，实行劳动力管制，规定凡65岁以下的成年男子、45岁以下的成年女子，都得到地方劳动局登记，参加义务劳动；同时延长了劳动时间、增加劳动强度，一天工作12小时至16小时。战争期间，德国工人因过度劳累，工伤事故比战前增加了一倍。

战时经济管制

打世界大战花钱似流水，为快速积累财富，纳粹政府一方面大幅度提高税率，就算税率高得让企业关门歇业，也在所不惜。同时，政府又增发大量国债，仅1939—1945年，德国的长期债务增加了7倍，短期债务增加了36倍。另一方面，实行以战养战的策略，成立了“东方农产品总商会”等机构，将被占领国的食物、矿产、劳动力等，源源不断地运往本国。

一个国家的资源是有限的，要增加军需品生产，就只能抑制其他方面投资。于是政府开始打着平抑物价的旗号，要求人们节衣缩食，实行食物配给制。随着军备物品生产的加大，希特勒又提出：“要大炮不要黄油。”居民的粮食、肉类等食品的供给被一再缩减。

1943年，纳粹政府又提出“对居民供应实行最严格的控制”，每人每周仅供应半斤肉、5斤马铃薯。政府还实施外汇管制，规定外汇必须到国家银行结汇，要用外汇时，须经申请，服从“国家需要”的才会被批准，如此一来，进口商品多半都是武器弹药。

此外，政府还实施投资管制：凡投资于军需品的，国家优先保证其原料、劳动力；凡与战争关系不密切的行业，则限制其投资。1943年，德国关闭了大量的旅馆、澡堂、饭店、商店及非军工产业。

经济全面崩溃

实行高度集中的指令经济，劳动力、收入、消费都归政府管，确能举全国之力并在短期内达到立竿见影之效。1938年，德国的经济总水平，比危机前的1929年上升了25%，恢复速度比英、美、法都快。也正是缘于它实力强，军用物资充分，在二战初期，才能以迅雷不及掩耳之势先后攻占波兰、丹麦、挪威、荷兰、比利时、卢森堡、法国。

可战时一切都以战争需要为转移，军事工业飞速发展，其他部门却增长很慢，经济结构出现严重畸形。1933—1938年，生产资料增长了162%，而消费资料只增长了36%。1942—1944年，两者反差更大：军备生产增长了3倍，而消费资料却“原地不动”。工人拼命工作，口粮却越来越少。

工商业主也苦乐不均。为筹集战备资金，政府对非军工行业课以重税；二战开始后大量工人充军，劳动力不足，致使一些企业只得关门歇业。只有那些做战争生意的企业主发了横财：从事军火行业的大公司，利润平均增加了几千万马克；纳粹党官方出版社社长马克斯·阿曼纳控制了德国82.5%的报纸，大肆宣扬纳粹政策，为战争编造谎言，年利润高达上亿马克。

二战初期，尚可掠夺被占领国的资源据为己有。但从斯大林格勒保卫战后，局势发生了变化，德国节节败退，原先控制的一些地区随之丧失，以战养战的计划破产。随着东西战线受挫，国内工业区遭到盟军空袭，军备物质告急，人们生活水平急剧下降。

面对失败，纳粹政府最后孤注一掷，宣布“超全面”动员：成年男子都得参军，再次缩减食品供给，想从石头中榨出油来。但事实证明，“超全面”动员并不是仙丹，没能使德国经济起死回生。由于原料奇缺、劳动力匮乏，1945年1月，军火生产也减少了45%，德国经济全面陷入崩溃。

第5节　走第三条道路

第二次世界大战结束后，世界形成了两大阵营：资本主义与社会主义。经济体制相互对峙：一个奉行市场经济，一个强调计划经济万能，而且都坚信自己走的是阳光道，别人过的是独木桥。但联邦德国却认为，市场与计划并没有不可逾越的鸿沟，二者可以取长补短、兼容并蓄。

社会市场经济体制

基于上面这种认识，德国人另辟蹊径，既不照搬美国的自由市场经济，也不完全复制苏联的计划模式，而是将两者加以折中，走第三条道路：建立了社会市场经济体制。

为充当世界霸主，希特勒在第二次世界大战期间攻城略地，四处出击，结果害人害己，赔了夫人又折兵。根据1945年波茨坦会议精神，以柏林墙为界，德国被一分为二，东部由苏联管理，不久建成民主德国；西部被英、法、美控制，尔后成立联邦德国，成了欧洲的二等公民。

国家负债累累、货币贬值、物价飞涨，生产能力急剧下降，当时国民生产总值不到战前的一半；一些大城市几乎被炸成废墟。据估算，每天用10列50节车皮的火车运输，柏林市的碎瓦乱石也得运16年；许多人居无定所，四处流浪。

1946年的冬天，是20世纪最寒冷的冬季，人们饥寒交迫，生活窘迫。当时人均食品供应量，只有战前的1/5。食物严重匮乏危及国民的健康。浮肿、软骨病、肺结核就像是一场场瘟疫，让德国人谈虎色变。

贫困交加的民众迫切需要工作、渴望经济复苏，盼望有朝一日德国能恢复昔日的辉煌。随着战争的失败，希特勒的战时经济管制终于走到了尽头。历经这场民族浩劫，德国民众反计划的情绪变得十分强烈。那么，是不是该完全放任自流，从一个极端走向另一个极端呢？西德面临经济体制的重大抉择。

时势造英雄。一直从事经济工作的艾哈德深谙国情，顺应民心，提出了一套独具特色的方案。他认为，要增加国民财富，用武力去强占他国领土，劳民伤财不说，弄不好竹篮打水一场空；而用物美价廉的商品占领世界市场，既省时省力，又方便快捷。所以他主张靠自由竞争来繁荣市场，靠国家干预去维护秩序。

英雄所见略同，首相阿登纳与他不谋而合，于是，艾哈德很得赏识，被任命为经济部部长，全权主理战后经济重建事务。艾哈德也不负众望，在任期间，他凭借手中的权力，坚定地推行所谓社会市场经济体制。

大刀阔斧取消管制

联邦德国成立前，英、法、美成立了占领局，管理西德的大小事务。由于战争遗患，物品供求紧张，该机构实行配给制和价格管制。但计划管制过多过细，抑制了人的创造力。德国人只有待在家中，等待那份可怜的配额。要让人们充分施展才华，就得减少计划与配额。

1948年7月，艾哈德当机立断，把数百条经济管制如物价限制、票证配给等，通通扔进了废纸篓，同时税率也被大幅削减。此举一出，使原本绝望的人们重新看到了曙光。社会市场经济，一个基本的准则就是允许多种所有制共生共存，私有、国有、合作所有、工会所有，都可以同台竞争。于是人们重整旗鼓，跃跃欲试，要到市场中去一显身手。

1957年7月，政府为保护竞争，颁布《反对限制竞争法》(即通称的《卡特尔法》)，该法后来成了市场经济的“大宪章”。规定未经审批，大公司不得合并；禁止企业产销联盟，串谋定价。为严格执法，国家专门成立卡特尔局，该局依法行事、铁面无私，从1968—1982年，共处理了338起妨碍竞争事件，每年罚款达1000万马克。

反垄断给竞争者提供了广阔的生存空间，但是，要让优胜劣汰规律起作用，使人们提高效率、改进技术、降低成本，还得防止恶性竞争。政府先后通过了《反不正当竞争法》《折扣法》《关于附加赠送物品法》《商标法》，严禁假冒伪劣、坑蒙拐骗。规定商品折扣不得超过3%；买一送一时，二者间的价值相差不能太小，如卖汽车时可送小配件，但不能送摩托车。

政府只当裁判

社会市场经济有两只手：左手是市场，调节自由竞争；右手则是政府，完善市场秩序、保障社会公正。艾哈德打过一个比方：经济活动如同比赛，政府就像裁判，制定比赛规则、维护赛场秩序，但它必须严守中立，既不做教练员，也不当运动员。

竞争虽可提高效率，但却不能兼顾公平，往往导致两极分化。因效率而牺牲公平，在西方社会司空见惯。社会市场经济与一般市场经济不同，更富有人情味，强调全体成员共享经济繁荣成果。在社会保障方面，西德也不惜血本，每年此项支出占国民生产总值的1/3，让其他国家望尘莫及，而且在西方所有国家中，德国贫富差距也是最小的。

在德国历史上，因战争引起的通胀让人们受害不浅。政府顺应民意，鲜明地提出“宁要低通胀下的适度增长，也不要高通胀下的高增长、高就业”。要实现这个目标，国家可以通过财政政策与货币政策来调节，但不能给企业主下硬指标。

艾哈德还强调：政府不是“太上皇”，得遵章守法。为此，政府和议会修改出台上千项经济法规，建立了完备的法律体系。如《劳资协议法》就明确规定：工资和劳动条件，必须由劳资双方自主决定。一旦这些协议成了白纸黑字，便具法律效力，在劳资谈判中，政府不得有任何倾向性。

20世纪50年代，西德经济飞速发展，实现了贸易顺差，国民生产总值年平均增长7.5%，远高于美国的2.2%、英国的3.2%、法国的4%，被称为增长的“黄金时期”。高增长并没有导致高通胀。20世纪70年代，多数西方国家的通胀率达两位数，而联邦德国仅5%左右。由于经济的快速增长，失业率大幅下降，人们生活水平显著提高，从第二次世界大战后的饥寒交迫到生活富足，西德仅用了20多年时间。

第6节　银行独立步履维艰

20世纪两次世界大战期间，在德国政府眼里，银行就如同自己的提款机。平民百姓缺钱时只能节衣缩食，而一战时的国君威廉一世却从不为钱犯愁。当时银行归政府掌管，只要他一声令下，银行就得加班加点开动印钞机为战争筹集经费，银行完全听命于政府，成了政府手中的工具。

马克变成废纸

第一次世界大战德国战败后，巨额赔款压得财政喘不过气来。而面对萧条的经济，政府又不能加大税收，无奈之下，只好让300台印钞机再次开足马力，夜以继日地赶印钞票。由于货币过量发行，物价上涨一发而不可收。到了1923年11月，1美元所换马克是战前的1亿倍，甚至一麻袋马克不够换一张报纸。

当时德国有识之士指出，银行听令于政府，长此以往必使金融市场紊乱，引发金融危机。在普遍的社会舆论压力下，1924年，德国通过了《银行法》，规定银行与政府分家，并赋予银行独立处理日常业务的权力。

有了《银行法》，银行本可自立门户。可不幸的是半路又杀出个程咬金。1933年野心家希特勒上台，在他看来，法律只不过是一纸空文，侵略扩张需要大量资金，于是他又打起银行的主意，并将其视为掌中之物，任由他摆布。

帝国银行董事福克对此深感忧虑，担心悲剧重演。1939年，他怀着强烈的责任感，向政府有关部门提交意见书，希望加强银行的独立性。忠言逆耳，这下可捅了马蜂窝。希特勒勃然大怒，下了特别手令，将他逐出了帝国银行。

历史有惊人的相似：第二次世界大战结束后，德国又爆发了恶性通货膨胀，帝国马克再度沦为废纸。商店里的货物，不得不用美国香烟标价。这种类似物物交换的方式，使人们生活极其不便，社会上怨声四起，纷纷表达对政府的不满。

饱受两次通胀之苦后，德国人开始反思，意识到银行必须独立于政府。但好事多磨，德国一分为二后，英、美、法成立占领局，他们害怕西德经济强大给自己造成威胁，1947年，将幸存的3家大银行肢解成30家，银行权力分散，别说独立于政府，就连资金运作都很困难。

没有银行支持，国家复兴步履维艰；而随后占领局也逐步意识到，西德毕竟是同一个阵营的兄弟，发展太慢会拖自己的后腿。不久，占领局便同意恢复原来的三大银行，而正是这三大银行的恢复，为日后的银行独立奠定了基础。

福克重获重用

每次历史变革总有一些风云人物推动。福克当年被炒鱿鱼，恰好表明他与众不同，不仅具有远见卓识，而且有非凡的金融才能，尤其是有强烈的民族责任感，这使他在战后又重新得以重用。从1948年到1958年，福克一直担任西德州际银行行长。

福克多次公开坦言：通货膨胀如同江湖大盗，无偿掠夺着老百姓财富，侵蚀国家经济基础，若不严加控制，经济根基就会被掏空，金融大厦必将坍塌。与其让政府为所欲为地制造通胀，倒不如让银行保持独立。他在任期间上下斡旋，四处奔走呼号，为银行独立立下了赫赫战功。

在福克等人的努力下，1957年终于通过《联邦银行法》。明确规定：银行与政府相互独立，各司其职。若联邦政府对银行的决定不满，可提意见，或要求推迟表决时间，但延期不超过两周。在这段时间内，如政府能拿出充足的理由说服银行，银行可改变决议；若政府理由不充分，银行则可自行表决，并且银行决议一旦形成，政府也得依决议行事。

同样，银行可参与政府财政计划讨论，但也没有决定权。联邦政府和联邦银行共同委托信贷监督局督察银行具体业务。政府和银行就像是分了家的弟兄，平起平坐，虽然还会相互照应，但一个是管财政，一个是管金融。桥归桥、路归路，对方的家事可以过问或提建议，却不得插手干预。有了法律撑腰，银行终于扬眉吐气，从此不再是一个任人使唤的伙计。

在银行金字塔的顶部，是中央银行委员会，主要由联邦银行行长、各州银行行长组成。其执行机构是管理委员会。金融市场风起云涌，尽由这两大委员会掌握。为确保金融政策的连续性，两大委员会的委员任免，政府只有建议权，最终由总统决定；委员们任期为8年，是联邦总理任期的两倍。这样一来，总理便不能对银行指手画脚、吆三喝四。

在这样的制度框架下，银行也不必畏惧权贵、缩手缩脚。银行底气足了，可以秉公办事，就算政府向银行贷款（含国债），也不得超过60亿马克，而且只能临时应急，不得用于弥补财政赤字。政府没了银行援手补缺，在做财政预算时，不能再随心所欲，否则赤字过大就得自食其果。如此一来，因财政支出过大而引起的通胀，就从根本上被遏制住了。

银行大显身手

西德银行走上独立之路后，便在战后重建、稳定金融方面大显身手。二战刚结束，为帮助企业渡过难关，银行发放贷款并不只看企业账面资产，而且看发展潜力。有的企业所得贷款，往往是其账面资产的10—20倍。卡尔·蔡司光学仪器厂，二战时所有厂房被盟军炸成瓦砾，但因它有100多名技术人员和管理人员，从银行获得了1.2亿马克贷款。

巨额的资金投入，为经济复苏注入了新鲜血液，贷款企业也不负所望，待经营状况好转后，它们连本带息将贷款还给了银行。原来那些担心贷款不能回收的人，在事实面前不得不佩服银行家的胆识与气魄。

随着银行业发展，实力日益增强，银行不再是弱者，而成为经济生活的主角。福克以稳定物价为首要目标，协同经济部部长艾哈德、财政部部长费舍尔推行紧缩性财政、货币政策。1950年，物价趋向稳定，德国马克也日益坚挺。由于西德银行积攒了大量黄金和美元，在欧洲支付同盟中，有73亿美元的余额，1958年，德国马克被宣布为自由兑换货币，成了世界金融市场上的硬通货。

被报界称为“马克监护人”的福克撒手人寰后，继任者布勒辛秉承了福克的作风，继续以稳定金融为己任。20世纪70年代，虽然受石油危机影响，西方国家通胀率普遍居高不下，而联邦德国的消费品价格仅上涨1.5%，在国际经合组织中，德国的物价最为稳定。

第7节　东德西德统一

二战结束后，德国被分解为东德与西德两个国家。东德从苏联引进了计划经济模式，曾使其一度成为东欧的“优等生”。可到了20世纪70年代，计划体制弊端渐渐显露。1989年11月，柏林墙被推倒，次年10月3日，东德以5个州的身份正式并入西德。如此无奈之举，显然有其深刻的政治背景，其背后的经济原因，也同样值得深思。

东德引进苏联模式

1949年东德刚建成时，执政的统一社会党搞经济还是新手。苏联作为老大哥自然不能袖手旁观，而且东德也有心学习苏联，这样双方一拍即合，苏联模式（计划经济体制）很快在东德扎了根：生产资料归国家所有，其他所有制被视为异物；指令性计划包罗万象，自上而下一竿子插到底。

这种高度集权的体制模式，不仅使企业失去自主权，劳动者不思进取，经济发展也没了动力。对这个问题，政府其实早有察觉，并且也曾试探性地进行过改革。1963年，东德通过了《国民经济计划与管理新体制准则》，决定减少行政干预、适当发展私有经济。

可改革涉及许多人利益，引发了一系列社会矛盾。而当某些矛盾被激化时，统一社会党却准备不足，认为是改革惹的祸，于是又将“方向盘”扭向计划这一边。1972年，手工业生产合作社、公私合营企业统统改成国营企业。许多社会主义国家开始减少计划比重，但统一党领袖昂纳克却故步自封，拒绝改革。80年代，东德国民净产值中国营企业仍占96.4%。差不多40年时间，东德始终没有跳出计划经济束缚。

二战后，以苏联为首的一些社会主义国家，组成经济同盟——经互会。在经互会这个大家庭中，东德像个小弟弟，出口什么、出口多少，都有人关照。东德70%的外贸在会员国间进行，既不愁销路，也不用参与国际市场竞争。但温室里毕竟长不出大树，东德在经互会呵护下，终日不见风雨，长期与外界脱离了联系，结果自己的科技创新能力每况愈下。

东德刚建国时，它的机械制造工艺十分精良，在国际上名声不小，可由于缺少技术革新，到了80年代后期已沦为三等品。经互会的封闭合作体制，使东德处处被动，生存本能渐渐衰退，尤其在外贸方面是丫鬟拿钥匙——当家不做主。由于没有自主权，总是受制于人，处境变得日益艰难。

柏林墙被推倒

在计划经济体制下，东德政府对内如同慈祥的父亲，家里家外、事无巨细件件包办。通过物价补贴，东德的食品、水电价格30年不变，交通费很低，教育、医疗全部免费。这些支出每年高达500亿—600亿东德马克，财政为此负债累累，到了1990年，东德的外债达206亿美元。

由于畸形发展重工业，消费品严重供不应求，而由于物价过低，投资者无利可图，又反过来使消费品更加短缺。居民有钱买不到商品，日常消费品也一应按计划供应。国营大商场通常空空如也；蔬菜市场上，也仅售苹果和白菜；东德小轿车不仅性能差，而且产量少，要想买车得提前10年预订。

与东德相反，西德实行的是社会市场经济体制。在这里人民生活富足，经济繁荣。每当夜晚人们从柏林墙往西看，灯火辉煌、人头攒动，好不热闹；而往东看，则冷冷清清，满目萧条。鲜明的反差使东德人好生羡慕。

物竞天择，适者生存。高耸的柏林墙，没有挡住东德人对市场经济的向往。因为事实证明，东德的计划经济的确比不过西德的市场经济。另一方面，西德又利用其经济优势，大力推动统一进程。1989年11月柏林墙被推倒，其实是民心所向。1990年10月，东、西德完成统一，以此为契机，德国拉开了对东部进行大规模市场经济改造的帷幕。

经济体制转轨

东德原来的价格补贴扭曲了价格体系，不能反映供求状况。从1990年7月起，按相应的比例将原东德马克替换为西德马克。货币统一后，东西部贸易更为便利，加速了相互融合的进程。与此同时，东部还无条件地接受了西部的价格体系，之前被扭曲的价格被矫正回来。

货币与银行休戚相关，原东德的金融业归政府管理，国家银行兼有商业银行职能，银行体系很不健全。德国统一后，立马对东部的国家银行动了手术，不仅收回了货币发行权，而且把原来的商业银行职能也剥离了出来。此外，通过增加银行网点，兴办合资银行，使货币流通渐渐归于正常，中央银行货币政策开始发挥效力。

东、西德统一后，东部企业的日子起初并不好过：随着苏联解体与经互会解散，出口大幅下降；西部商品物美价廉，不断冲击东部市场；由于不再实行物价补贴，企业销售成本上升，国企不仅不能为政府创造利润，反而成了包袱。为减轻负担，原东德政府、企业与西德经济管理人员联手组成了“国营企业信托管理局”，其任务是将国有资产私有化。

到1994年底，东部1.4万多家国企先后完成了转制，3600家被关闭，剩下的60家，转给联邦统一特殊任务局托管。随着国企改换门庭，东部的农业改革也同步跟进，实现了私有化。私有化完成后，企业摆脱了行政束缚，加之市场竞争的驱动，一批企业开始焕发出生机活力。

在改革期间，政府也有所作为，通过财政与货币政策，不断改善经济环境，拓展增长空间。有人估计，相对于西部，东部基础设施至少落后20年。为缩小差距，从1991年到1995年，政府共投入8480亿马克帮助东部建设。到1997年，东部修建公路1.1万公里、铁路5000公里，电话增加了3倍。

此外，政府还采用税收优惠、贷款担保等措施，以吸引各路资金。西部许多大公司纷纷来到东部，或投资办企业，或增设网点。如西门子公司先后在东部开发了20个项目，投资达10亿马克；而大众汽车公司在东部一举投资了近50亿马克。在德国刚统一时，东部居民收入仅相当于西部的44%，1994年，该比例提高到69%；1991—1995年，东部国民生产总值增长率约8%，成了当时欧洲经济增长最快的地区。

法国负重前行

1860年签订英法商约，给欧洲经济带来了深刻变化，各国纷纷拆除关税壁垒，从敌对走向合作。

20世纪30年代经济危机中，英、美等国纷纷宣布货币贬值，而法国却死守“金本位同盟”，给自己造成了不可估量的损失。

20世纪先后三次“国有化”，奠定了国企在国民经济中的地位。80年代中期后，国企开始逐渐退出竞争性领域。

农业一直徘徊不前，二战后采取“以工养农”政策，加速土地集中，推广农业机械化，仅用20多年实现了农业现代化。

在“石油危机”中，密特朗政府实行扩张性经济政策，给失业埋下了隐患。20世纪80年代中期以来，失业率居高不下。

第四章
法国负重前行

18世纪法国还是一个农业国，工业革命起步也晚。19世纪初，拿破仑对外发动战争，最终惨败滑铁卢。在20世纪发生的两次世界大战中，法国又饱受战火重创。然而二战结束后法国负重前行，不仅在冶金、化工、机械制造、核电、航空航天等高端制造业领域迅速崛起，成为欧洲重要的工业强国，而且成为欧盟最大农业生产国和世界主要农副产品出口国。

第1节　贸易战短兵相接

19世纪最初的10年，法国一方面采取“合纵连横”的军事策略，横扫欧洲，同时在经济战场上对英国实行贸易封锁。经济战场虽无刀光剑影、血流成河，却对法国乃至欧洲经济产生了不小的影响。

围堵英国经济

1799年11月9日，拿破仑·波拿巴靠武力夺取了法国政权，随即四处出兵，一路攻城略地，所向披靡，周边国家纷纷臣服。可英国凭借强大的经济、军事实力，不甘示弱，并对法兰西帝国虎视眈眈。卧榻之侧，岂容他人鼾睡？降服不了英国，成了拿破仑的一块心病。

但拿破仑明白，对付英国绝非易事。讲经济实力，人家工业革命领先70年，法国难以望其项背；若要动武，英吉利海峡是一道屏障，易守难攻。法国虽步兵神勇，但海军远非英国的对手。怎样才能完成霸业一统欧洲？拿破仑不愧为一代枭雄，很快便有了一套不战而胜的谋略。

拿破仑的经济战略，是建立欧洲大陆体系，对英国实行全面贸易封锁。在军事上，对俄国等尚未屈服的国家择机出兵，把欧洲大陆纳入法国控制之下。同时，向法国的附属国和盟国施压，强迫它们断绝同英国的贸易往来。

从1806年到1810年，拿破仑连下敕令，开始对不列颠诸岛实行围堵：法国及其盟国船只，不得运载英国及其殖民地的商品；任何国家的商船只要在英国港口停留过，便不准在欧洲大陆口岸靠岸；在法国势力范围内，不许经营英国货物，否则不但商品要全部没收，还要严加惩罚。

为此，法国组建了10多万人的海关队伍，昼夜盘查，严防英国货物走私入境。此举可谓一箭双雕：英国工业发达，粮食却不能自给自足。法国把贸易这条路堵死，就掐住了对方的脖子，时间一长，不怕对手不投降。而法国则可趁机推销自己的商品，缩小同英国工业的差距。

贸易封锁政策最初确实奏效，法国企业主欢天喜地，英国却工业凋敝，失业人数增加，由于粮食紧缺，城里哄抢面包的事时有发生。英国当然不会坐以待毙，便以牙还牙，宣布封锁欧洲大陆，并派出军舰在海上巡逻，发现欧洲大陆国家的船只一律捕获充公。这样法国的情况也渐渐不妙，工厂原料告急，物价飞速上涨。

贸易政策转向

事实上，在此之前贸易壁垒就已风行欧洲。英国的工业革命起步早，又有大量殖民地提供原料，物美价廉的英国商品，很快占领了世界市场。其他国家工业化起步较晚，为了避免英国货的冲击，普遍提高关税。不过，拿破仑的贸易封锁更霸道，强买强卖，将“贸易保护”推上了顶峰。

按照拿破仑的指令，各盟国只能进口法国的商品。而英国实行反封锁后，切断了他们与海外的联系，土货不出，外货不入，就连以前引进的英国机器换个零件都成了难题。被逼无奈，许多国家只好暗地里与英国做生意。由于法国贸易政策不得人心，靠武力支撑才勉强维持了几年。1812年冬拿破仑兵败莫斯科，众盟国群起倒戈，对英国的封锁令也就成了一张废纸。

拿破仑折戟俄罗斯帝国之后40年，他的侄子路易·拿破仑·波拿巴重振家业，建立法兰西第二帝国。这位被史学家称为拿破仑三世的皇帝，同样怀有称霸欧洲的野心。但时过境迁，此时法国的实力已大不如前。环顾四周，英国威风不减当年，俄国睥睨群雄，德意志联邦统一指日可待，它们都在觊觎霸主之位。

识时务者为俊杰。拿破仑三世韬光养晦，推行了与叔父大相径庭的贸易战略。联英伐俄、钳制德国，待羽翼丰满，再与英国一决雌雄。具体方案是：通过自由贸易结好英国，恢复与周边国家的关系，在开放中发展自己。随着1854年英法联军兵犯俄国，拿破仑三世的贸易战略也开始同步实施。

讨伐俄国，是要报40年前的一箭之仇，帝国上下一致拥护，但敞开国门让英国商品自由进入却遭到了非议。大陆封锁政策破产后，法国一直实行高关税政策。现在要贸然与英国竞争，法国企业肯定占不到便宜。何况欧洲多数国家不曾开放市场，法国当出头鸟，它们不见得“跟进”。因此，对拿破仑三世的自由贸易主张除了酿酒业和丝织业外，其他行业全都反对。

拿破仑三世主意已定，决意改革贸易保护陋习。在他看来，英国之所以强盛，是由于率先实行自由贸易。法国如果再画地为牢，关门朝天过日子，不但称霸欧洲遥不可期，作茧自缚最终还会使自己被动挨打。于是，不经议会同意，他就下令降低纺织品、煤、铁的关税，并于1860年签订了《英法商约》。

根据约定，英法互相提供最惠国待遇，对英国的机械、船舶、铁、纺织品等，法国征收关税不超过30%，英国对法国的化学品、家具、陶瓷等全部免税，条约有效期10年。出乎法国工商界的意料，法英两国缔约不久，德意志关税同盟以及比利时、意大利、瑞士、葡萄牙等国，主动找上门来与法国签订了互利商约。

设立最惠国待遇

随后几年，法国经济的发展让当初的反对者始料不及。1857—1866年，法国进出口贸易额均比上一个10年增长了一倍，与30年前相比，翻了两番还要多。

由贸易封锁转为自由贸易，法国不仅自己从中受益，还给欧洲经济带来了深刻变化。西欧各国纷纷拆除关税壁垒，从敌对走向合作，实现了贸易政策划时代的转变。依据自由贸易精神进行平等谈判，成了实现国与国贸易关系正常化的主要方式。

这里值得特别一提的是，英法商约中的最惠国待遇条款，后来成为欧洲国家普遍适用的原则，它不仅使一个完整的贸易条约网在欧洲迅速形成，而且在以后近一个半世纪中，极大地促进了国际多边贸易合作。

拿破仑三世壮志未酬，在普法战争中被“铁血宰相”俾斯麦打得一败涂地，最后在英国饮恨而亡。但他推行的自由贸易政策，开欧洲大陆风气之先，使法国经济突飞猛进，实力大增。时至今日，还有不少法国学者尊他为“现代法兰西奠基人”。

第2节　“金同盟”昙花一现

1929年10月24日，纽约华尔街股市崩溃，美国经济陷入空前危机。城门失火，殃及池鱼。欧洲国家经济普遍下滑。可法国仿佛世外桃源：机器轰鸣，粮食丰产，国库充盈，股市太平。1933年，法国又牵头组建了“金本位同盟”（简称“金同盟”），不过只是昙花一现，仅一年多时间就分崩离析了。

法郎严防死守

就在美国股市暴跌没几天，法国政府就提出了“国民装备计划”，准备在5年内建设一批大型公共工程。次年4月，又通过巨额财政预算，用于建立社会保险制度。不料大网垂天，疏而不漏，在经济危机狂潮中法国最终未能幸免，并且由于当局在法郎贬值上固守成规，一错再错，经济状况越来越糟，当其他难兄难弟脱离苦海时，法国仍在困境中苦苦地挣扎。

经济危机之前的10年，是法国历史上的“黄金时代”。作为一战的战胜国，法国洗刷了40多年前普法战争的耻辱，从德国手中夺回阿尔萨斯和洛林，并获得了大笔战争赔款。当时的普安卡雷政府，不仅经济重建搞得有条不紊，还采取了明智的货币政策。

战前，西方各国实行的是金本位制，货币与等量黄金挂钩。战争使这一制度中断了5年。战后当各国忙于重建金本位制时，法国不仅成心拖后腿，还故意把法郎价值低估，这样法国商品在国际市场有价格优势，贸易年年顺差，国库日进斗金。到1928年，法国黄金储备仅次于美国，居世界第二位。

在经济危机中，英、美等国及时宣布货币贬值，而法国却严防死守，法郎一路坚挺。之所以如此，法国政府其实更多是出于政治上的考虑。法国农业比重大，绝大多数人口是农民。农民生活朴素，节俭成风，他们辛辛苦苦积攒几十年，最担心票子发毛。而国内又是多党林立，为了取悦于民、多拉选票，各党不论竞选还是执政，都得顺着农民的心思。

法国虽是西方大国一员，可论综合实力却排在美、英、德之后，总感觉腰杆不硬。战后好不容易打了经济翻身仗，眼下又逮住美、英走“背运”，正好摆一摆谱，让他们领教一下法兰西的大国风度。当1931年9月英镑贬值时，法国政界举杯相庆，认为法郎战胜了英镑，表明法兰西国力强盛，经住了大风大浪的考验。

经济全面衰退

法国政府很快发现，撑门面摆阔气所付出的代价十分惨重，造成了经济全面衰退。英、美等国采取货币贬值政策后，商品竞争力增强，在对外贸易中占据主动，缓解了国内经济困难。相比之下，法国商品价格上扬，出口额锐减。1931年，法国对外贸易出现逆差，外汇储备大量减少。

贸易衰退，工业首当其冲。法国工业比1929年下降了近三成，1934年丝织业生产只及战前的60%，棉织业生产下滑35%，毛织业生产降低了26%。1935年，法国钢产量下降一半，铁减产2/3。企业主赔掉了老本，40多万工人也丢了饭碗。

农业的情况更糟。1933年，法国小麦产量比正常消费量多产10亿公斤，仓库里新粮压陈粮，市场粮价一落千丈。1933年粮食价格比1926年下降了40%，农民入不敷出，苦不堪言。1929年法国农业收入448亿法郎，1934年只有170亿法郎，许多农民因无力偿还债务，只好变卖土地，1934—1935年，法国有40万农户破产。

与此同时，银行也发生了信用危机，挤兑现象此起彼伏，股市资金纷纷外逃，导致整个金融业岌岌可危。经济萧条使税收骤减，失业救济支出剧增，政府一向宽裕的财政现在也到了捉襟见肘、揭不开锅的境地。

尽管如此，法国政府还是认准一个理，不到万不得已，法郎绝不贬值。为了渡过危机，政府使出了浑身解数。既然法郎不贬值，那么减少贸易赤字，就不能指望扩大出口，只能在限制进口上做文章。为此，法国首创了进口商品配额制度。从1931年11月起，对货币贬值国家的商品，限制进口数量，并增加15%的贸易附加税。

到1936年初，法国65%的进口商品都有配额，并对国内商品实行限价政策，强行降低原料、能源价格，以此减少成本，压低工业品价格，增强出口竞争力和国内购买力。对农产品则限制最低价，严禁黑市低价成交。

与此同时，还裁减政府雇员，降低退休金和各种补贴标准，将财政支出减少了10%。为了缓解就业压力，政府采取措施，让已婚妇女退出就业市场，降低男性职工退休年龄。1932年通过保护民族劳工的法律，限制外国劳工的比例，100万外籍工人被迫离开法国。

法国政府这些反危机措施，治标不治本，对付经济大萧条往往顾此失彼。如实行进口商品配额，虽能减少外贸支出，但别国的反限制措施，也将法国商品拒之门外；强行降低工业品价格，使厂家无利可图，企业只能停产歇业；财政拿不出钱补贴农业，农产品限价便成了纸上谈兵；赶走外籍劳工，不仅损害国家对外形象，对日后再吸引外来人才留下了隐患。

被迫改弦更张

后来发生了两件事，终于迫使政府改弦更张。1933年7月，法国联合货币不贬值的国家，包括比利时、意大利、荷兰、瑞士和捷克斯洛伐克组建了“金本位同盟”。但与美、英、德等20多个放弃金本位的国家相比，“金同盟”势单力薄，无法与之抗衡。这种逆潮流而动的举动，注定难以持久。1935年11月，法国最主要的伙伴——比利时实行货币贬值，“金同盟”随之分崩离析。

法国经济恶化还引发了政权危机。1931—1936年，内阁换了13届，财政部部长换了7人，法西斯组织一时间活动频繁，企图窃取国家权力。内忧外患，促使法国有识之士猛醒。为了防止法国步德、意后尘，法国共产党与社会党、激进社会党联合，建立人民阵线，推选勃鲁姆出任内阁总理。

1936年9月26日，法国政府终于挂出免战牌，与英、美签订货币协定，宣布放弃金本位制，将法郎贬值29%。但勃鲁姆政府为取得工人支持，在法郎贬值的同时，又将工资提高7%—15%，实行带薪休假和40小时工作制，以为此举可以提高社会购买力，创造就业机会。然而事与愿违，货币贬值的效应，却被工资和物价上涨抵消了。勃鲁姆被迫下台。

新总理肖当也未吸取前任勃鲁姆的教训，法郎虽再度贬值，收效仍不够明显。直到1938年11月，达拉第政府停止实行40小时工作制，法国经济才快速回暖，第二年春天便走出了萧条的阴影。

固守货币不贬值的老框框，给法国带来了不可估量的损失。经济长期衰退，政局动荡不安，严重削弱了法国的实力。面对积极备战的德国，法国当权者只能步步退却，采取息事宁人的绥靖政策，因为他们明白，如果战局一开，经济危机中大伤元气的法国，一定挡不住希特勒的铁骑。

第3节 国有化浪潮

法国国有企业历史悠久，最早可追溯到17世纪，国王路易十四为鼓励工商业发展，兴办了一批“皇家股份公司”。此后200多年里，政府推行过烟草专卖、邮政国营，一战期间，对军火、粮食、化工等企业实行过管制。但国有企业真正形成气候，则要归因于20世纪30年代的国有化运动。

三次国有化

第一次国有化运动兴起于1936年，当时法兰西内忧外患，风雨飘摇。为了摆脱经济危机，防御德国法西斯侵略，法国政府出台国有化法令，统一全国铁路网，建立国营铁路公司。把航空、海运、军工企业收归国有，确立了政府对法兰西银行的决策权。

二战结束后，法国基础设施大多毁于战火，物资匮乏，资金不足，国民经济濒于崩溃。戴高乐政府重倡国有化，举全国之力恢复生产，振兴经济。国家包揽基础设施建设，兴办石油、核能、信息产业。为方便资金筹措，政府把四大商业银行和34家保险公司，全都划到了自己名下。

如果前两次国有化主要集中于交通、能源等基础部门，

80年代初的第三次国有化运动，重点则是向竞争性行业倾斜。为了摆脱石油危机影响，走出“滞胀”阴影，密特朗总统提出建立“法国式社会主义”，将吸储10亿法郎以上的私人银行、员工超过2000人的工业企业，统统收归国有。

经过这次国有化运动，国家几乎垄断了中长期存贷款，在工业部门拥有4300家企业，占企业总数的一半；国企职工240万，占就业人口的23%；国企产值在工业总产值中的比重达21%。法国的国有经济总量，位居西方国家前列。

独具特色的管理模式

为把国企打造成抗击风浪的巨轮，政府不断改进国有企业经营管理，形成了独具特色的管理模式。法国国有企业大都组建成集团，中央政府只抓集团（总公司），分公司由各集团自行管理。抓大放小，政府省心省力，管理效率也高。

企业集团大致分为两类：垄断性企业和竞争性企业。前者由国家独资兴办，人事权、重大事项决策权都掌握在政府手里，国家不但规定其产品和服务价格，同时也规定必须实现的社会目标。竞争性企业由国家控股，一般采取有限责任公司的形式。政府作为股东，负责为企业充实资本，但不为其提供债务担保。

自60年代开始实行的“合同制”，是规范政府与企业关系的主要形式。政府和企业签订合同，明确双方责任，企业在保证实现合同目标的前提下，可以独立自主经营。在加强国有企业监督方面，政府也煞费苦心。早在50年代初，就建立了稽查特派员制度。稽查特派员不仅有财务审查权，还可以董事身份参加董事会，对公司重大决定能行使否决权。

稽查特派员由经济财政部选派，他们大多是资深官员，定期换岗，监督起来毫不手软。1976年以来，还实行了国家审计院事后监督制。对国有企业的财务状况，审计院每隔四五年审查一次，发现问题通过年度报告向国会陈述。在银行和保险业，也设立了监督委员会，负责对本行业进行监管。国有企业的监管机构，皆对议会负责。议会两院各设6个专门委员会，一旦发现问题可随时成立调查组，对国有企业实施监控。

退出竞争性行业

有了雄厚的国有经济作支撑，法国政府便开始推行“计划市场经济”。在西方国家中，法国的宏观调控范围更广，程度更深，指导更有力。从1947年到90年代中期，政府先后实施了11个经济发展计划。

执行国家经济计划，国有企业是排头兵。在国企带动下，50—70年代法国经济增速一路领先，经济实力跃居世界第4位。1952—1972年，国家投资仅占总投资的30%，国民生产总值却增长了3倍。“国有化”还形成了规模优势，推动了技术进步和产业结构升级。汽车、航空、通讯、原子能等重要产业，都是国有企业唱主角，其规模和实力，在国际上都居领先地位。

国有企业船大能抗风浪，可也难以掉头。一些国有企业由于投资主体单一，机制不活，员工队伍庞大，加上“非营利”任务太重，经营出现了困难，1993年，国有企业亏损总额达400亿法郎。80年代中期以来，法国政府加大国有企业改革力度，先后于1986年和1993年，又掀起了两次“私有化”浪潮。

法国政府认为，国有企业的病根主要是摊子铺得太大，在竞争性领域涉足过深，国有经济要恢复活力，必须从竞争性行业中退出。法国政府的“退”字诀，最突出的特点是退而有序。通过减持国有股，逐步实现投资主体多元化。

雷诺汽车公司改制是其典型例子。雷诺原本是一家私营企业，因在第二次世界大战中为德国提供军用卡车，战后被强行收归国有。政府花了几十年心血，将其发展成法国最大的制造业集团。可进入80年代后，企业连续多年亏损，到1993年7月，政府不得不将其私有化。

不过，私有化并不是将整个企业卖掉，政府持股仍占53%，以后再根据情况逐年减持。为了避免股票过于分散，政府联合几家大企业与大银行，组成“稳定股东集团”，持有雷诺公司绝大多数股份，股票两年内不得出让，两年后也只能在大股东中转手。

其余剩下来的股份，则实行“职工持股制”和“公众持股制”，5%的股票留给职工，价格优惠20%；公众股占28%，全部小额出售，雷诺公司的小股民达到了百万以上。雷诺公司股票上市后，资产增加了20亿法郎，1996年营业额达到了1800亿法郎，在世界工业集团排行榜上名列第二。

国有企业退出竞争性领域，提高了国有资产质量，增强了政府调控经济的能力。1993—1994年，政府通过减持国有股，财政直接收入1000亿法郎，其中680亿法郎用于弥补预算赤字，其余的则用于投资发展新兴产业，特别是信息、航天等产业。

第4节　优先发展农业

法国农民以吃苦耐劳著称于世，他们起早贪黑，勤扒苦做。可即便如此，“吃饭”仍是一个老大难问题，直到二战前还是农产品净进口国。战争结束后，政府采取优先发展农业政策，仅用20多年时间就实现了农业现代化。到1972年，法国已成为仅次于美国的农产品出口大国。

推动土地集中

有这样一则趣闻：1871年普法战争结束时，普鲁士首相俾斯麦问一名法军战俘："仗打完了想干什么？"战俘回答："赶紧回家种地去。"俾斯麦不禁慨叹："拿破仑三世有这么好的子民，何苦还要发动战争！"

事实上，法国农业在历史上曾有过短暂的辉煌。大革命时期，政府于1793年颁布法令，把土地分成小块卖给农民。农民有了土地，精耕细作，粮食产量噌噌上涨。可过了不长时间，农业生产便又徘徊不前。原因是农村人口多，土地零碎，大农机与新科技皆施展不开。农民只是为了温饱：穿衣种棉，养牛耕田，喂猪过年。就这样，法国小农经济搞了100多年，人们日出而作，日落而息，生活境况并没有多大改善。

法国搞农业现代化，最突出的矛盾是人多地少。20世纪50年代中期，政府出台了一系列措施推动"土地集中"。为转移农村富余劳动力，政府实行"减"的办法：凡是年龄在55岁以上的农民，由国家负责供养，一次性发放"离农终身补贴"；鼓励农村年轻人离土离乡，到国营企业做工；其他青壮年劳力，政府出钱先培训，再务农。

与减少农业人口的做法相反，对农地经营规模，政府则采用"加"法：为防止土地进一步分散，政府强制性规定农场主合法继承人只准有一人；同时，推出税收优惠政策，鼓励父子农场或兄弟农场，以土地入股的形式，开展联合经营。

各级政府还组建了土地整治公司，这是一种非营利组织，它们拥有土地优先购买权，把买进的插花地、低产田集中连片，整治成标准农场，然后再低价出售。此外，国家还给大农场提供低息贷款，对农民自发的土地合并减免税费，促使农场规模不断扩大。

1955年，法国10公顷以下的小农场有127万个，20年后减少到53万个；而50公顷以上的大农场增加了4万多个。农业劳动力占总人口的比例，50年代初接近40%，到90年代末，只有2.2%。农民平均占有农地，达到10公顷以上。

推广机械化、专业化

在着手农地整治的同时，农业机械化也迅速推开。在法国政府头三个国民经济计划中，“农业装备现代化”被摆上突出位置。战后初期，国内生产资金极度匮乏，法国政府不惜向国外借款，也决心要把农业机械化搞上去。

农民购买农机具，不仅可享受价格补贴，还能得到5年以上低息贷款。农用内燃机和燃料全部免税，农业用电也远比工业便宜。为保证农机质量和方便农民使用，政府颁发“特许权证”，指定专门企业在各地建立销售服务网点。不论是哪家生产企业或哪一年生产的产品，零部件都能随处买到。

农用机械价廉物美，售后服务有保证，自然受到了农民的欢迎。1955—1970年，各农场拖拉机占有量，从3万台增加到170万台，联合收割机从4900台增至10万台，其他现代化农用机械也很快得到普及。法国只用了十几年时间，就实现了农业机械化。

在相关政策的推动下，农场规模扩大了，机械化程度提高了，政府又不失时机做起了“专业化”的文章。根据自然条件、历史习惯和技术水平，对农业分布进行统一规划，合理布局。

全国共分成22个大农业区，区下又细分出470个小区：巴黎盆地土地肥沃，便大力种植优质小麦；西部山区草场资源丰富，重点发展畜牧业；北部气温低，大规模种起了甜菜；南部则发挥地中海地区的传统优势，扩大葡萄种植。

到70年代，法国半数以上农场实行了专业化经营，多数小农户也只生产两三种农产品。农业生产分工越来越细，效率越来越高，收益也越来越可观。法国农民人均收入基本达到城市中等收入水平。

合作社应运而生

农业是弱质产业，很多国家皆采取保护政策，法国自然也不例外。以前政府靠提高关税、价格补贴来保护农民生产积极性。随着国际市场逐渐放开，不能再一味地保护农业。20世纪60年代中期，法国政府调整思路，把扶持农业的重点放在生产、加工和销售领域，力图通过“产业化”，把本国农业做大做强。在这方面，法国的做法有其独到之处：农业宏观指导由政府负责；产前、产中和产后服务，则交给合作社去办。

政府主管农业的农业食品部和渔业部，负责制定产供销全程规划，其他部门无权插手。这样就避免了条块分割、多头指导。为了防止这两个部门位高权重失去监督，总理专设私人办公室，定期了解基层农业情况。另外，还成立了“全法最高农业发展指导委员会”，涉农各行业都有代表参加，但凡重要的农业政策皆需由这个机构提出，并呈交给议会讨论。

合作社成了农民的主心骨。到60年代末，法国建立了3100个农业信贷合作社，7200个供应和销售合作社，1.4万个服务合作社。合作社一般按行业划分，农户可根据经营情况，同时加入几个合作社。双方每年一签约，农民只要干好农活，剩下的事全交给合作社办。年终结算时，扣除风险基金和发展储备金，其余按入社资金、农产品收购量分给社员。如发生亏损，社员也要按对应份额承担风险。

为了鼓励合作社发展，国家出台有关政策规定，合作社可免缴33.3%的公司税；合作社如果违规经营，国家也有权取消。经过几十年发展，法国农户基本上都成了“社员”。农业合作社占据了农产品市场绝大多数份额，生产资料和饲料基本上由供销合作社销售，90%以上的农场贷款业务，由信贷合作社提供。

为了扶持农业发展，法国政府付出了极大的努力。第二次世界大战后，法国实行“以工养农”政策，1952—1972年，农业投资增长幅度超过其他所有部门；1960—1974年，国家发放农业贷款增长了7倍。此后20年间，农业生产率提高了3倍，90年代中期，农产品进出口顺差240亿法郎。

第5节　国土整治战略

20世纪50年代初，法国以北起勒阿弗尔、南至马赛为界的东部地区，被称作“富裕的工业法国”，其面积不足全国一半，人口却占总数的2/3；全国500家大企业集团，东部有476家；这里的4大工业区，拥有全国3/4的工业职工、4/5的工商业营业额；居民人均收入高出全国平均水平30%。

国土整治令

与“工业法国”的繁华形成强烈反差，广袤的西部地区处在天平失重的一端，那里人烟稀少，交通不便，停留在落后的小农经济时代，被称为“贫穷的农业法国”。随着时间的推移，东西差距越拉越大。同在一片蓝天下，同是法兰西国旗下的土地，怎能如此苦乐不均，判若两个不同的世界？

1950年，法国建设部部长克洛·珀蒂提出，应尽快进行“国土整治”，实现自然资源、经济活动和人员的最佳分配。1955年，法国政府颁布“国土整治”令，制定地区行动计划，拉开了向西部进军，促进经济均衡发展的帷幕。

“国土整治”事关法兰西发展全局，稍有闪失就可能铸成大错。究竟如何破题，决策者们一时拿不定主意。恰逢此时，巴黎大学教授弗朗索瓦·佩鲁提出“发展极”理论，引起了法国政府的重视。

佩鲁认为，经济增长的潜力主要集中在某些主导部门和行业，它们往往聚集在大城市的中心地带，形成“发展极”。政府的任务，是在欠发达地区大力培育“发展极”，发挥它们的“磁场”作用，带动周围经济快速发展，逐步缩小地区差距，最终实现经济整体协调发展。佩鲁的理论令政府官员茅塞顿开，一套全新发展规划陆续出台。

工业分散政策

在落后地区兴建城市和发展主导产业所遇到的头号困难，是来自东部的负面影响。东部大城市特别是首都巴黎，吸引了西部大量人才、资金和技术，就如同釜底抽薪，动摇了西部发展的根基。而东部大城市的过度膨胀，也到了非解决不可的地步。

以当时的巴黎为例。面积不足全国的2%，人口却占总数的1/5，集中了法国29%的工业职工、1/4的公职人员、40%以上的高级人才，全国2/3的商业总部也设在这里。长期超负荷运转，使得人口、交通、环境等问题日益突出，严重制约着巴黎的长远发展。限制东部大城市与发展西部新兴城市可以相辅相成、相得益彰。"国土整治"行动正是循着这个思路，一步步展开。

20世纪50年代中期，法国推行了"工业分散"政策，规定在巴黎等城市创办新企业，须经政府批准取得"许可证"，并交纳高额的占地"租金"。同时，通过低息贷款、免税、削减地价、颁发"地区发展奖金"等优惠措施，鼓励东部企业、商业、金融机构向不发达地区疏散。

60年代，政府在边缘地区兴建了8个"大城市"，改善全国城市空间结构，形成新的地区发展中心。从70年代开始，重点在西部发展万人左右的中等城市，小城市和卫星城也迅速崛起，它们大多位于农村、风景区、铁路沿线、中心城市外围，不仅缓解了大城市的压力，也促进了欠发达地区的人口稳定和经济繁荣。

1955—1964年间，有2800多家企业到西部安家，1954—1975年，先后有750万法国人西迁，昔日贫穷的“农业法国”，出现了图卢兹、波尔多、南特等大工业中心。

落后地区经济要迎头赶上，不能老当“二传手”，靠引进发达地区的“夕阳产业”，一辈子也别想打翻身仗。法国政府在鼓励企业西进的同时，注意根据西部的地理、资源优势，确定合理的产业结构。比如西部虽经济落后，却有长达3115公里的海岸线，是东部内陆地区望尘莫及的。要说投资小、见效快，滨海地区可以发展海水养殖，也可以从东部引进一些出口型企业。

法国政府眼光看得更远：这么一大块风水宝地用来发展旅游、高新技术产业岂不更好？1970年春，占地2300公顷的“索菲亚·安蒂波利斯技术开发区”破土动工。法国的优惠政策、地中海的旖旎风光，吸引了众多的投资者，先后有50多个国家的950家公司前来落户，每年新增投资额28亿美元，创造新的就业岗位800多万个，昔日荒凉的海滩，成了法兰西的“硅谷”和旅游胜地。

布列塔尼地区的变迁，更能反映西部产业升级政策的成果。1954年，该区一半以上人口从事农牧业，工业职工只占18.5%。到1975年，农业人口比重减少2/3，工业职工的比重升至29.4%，第三产业达到49.5%，由落后的农牧区，发展成全国最大的肉类生产、加工基地。“国土整治”实施20多年，法国西部的山地、高原、滨海地区，逐渐打破了单一的生产结构，多业并举，实现了产业合理布局。

工业结构改革

国土整治历时长，规模大，涉及面广，为了避免出现“上有政策、下有对策”，中央政府在原有96个省的基础上，设立了22个大行政区，国家与大区签订有法律效力的“计划合同”：中央政府负责确定总体目标，保障重点项目，有资金优先分配权；开发整治权下放给地方。

国家设立专门机构，负责对各地实施情况监督检查。行政大区对中央政府负责，各省对行政区负责，涉及跨区实施的项目，由国家牵头协调各区、省的行动，保证了“国土整治计划”层层落实。

20世纪60年代以来，法国政府先后制定并实施了多项公路、铁路、通信等方面的发展计划，由于中央和行政区职责分工明确，各地能够联手合作，这些项目大都提前完工，在法兰西大地上，形成了横贯东西、遍布南北的交通、通讯网络。

国土整治对法国政府来说，很像切蛋糕，涉及方方面面利益。国家政策优惠和资金倾斜，如果西部得到的过多，时间长了东部肯定不痛快。为此，政府不是一味扶持西部，而是着眼全局，政策因时而变。

70年代中期，西部在国家扶持下改天换地，经济发展蒸蒸日上，而东北部老工业基地却由于国际油价上扬，遇到了前所未有的生存危机。法国政府便把心思东移，加大了老工业区的改造力度。

1984年春，政府颁布“工业结构改革方案”，收缩东北部的煤、钢生产规模，更新机器设备，淘汰旧工艺，鼓励发展高技术产业。同时，国家采取“以西补东”的办法，投入大量财力、物力，为东部工业基地“输血”。中央政府对东部地区的“关照”，西部地区也乐见其成。老工业基地由此焕发了生机。

第6节　失业痼疾难医

第二次世界大战后，法国经济本来一路阳光。1950—1973年，GDP年均增长5.1%，失业率不到2%，老百姓的日子过得优哉游哉。不想平地起风波，1973年和1980年，石油输出国两次提高油价，受其影响，法国经济增速放缓，失业率上升到5.8%，100多万法国人靠吃政府救济为生。

密特朗行差踏错

西方人喜欢用“潘多拉魔盒”比喻灾难之源。潘多拉是天神造的第一个女人，下凡之前，众神之王宙斯送她一个魔盒，令其不要打开。潘多拉忍不住好奇，最终还是违禁了。盒子一开，疾病、罪恶、战争等恶魔便从盒中跑出，给人类带来了无穷祸患。在经济发展史上，政府经济政策就有点儿像潘多拉魔盒，一不留神便可能铸成大错，困扰法国的失业问题，细究起来，应该是与20世纪80年代政策失误有关。

国际油价暴涨，不仅法国吃不住劲，其他工业化国家同样也不轻松。可在对付油价上涨方面，不同国家采取的措施不同，美、英、日、德等国不约而同地推行紧缩政策，控制货币供应量，提高利率，减少政府开支，以此抑制通胀，减轻经济震荡。而密特朗政府却逆势而行，采取了扩张性政策，这就无异于火上浇油，使本已恶化的经济形势更加严峻。

密特朗把建立“法国式社会主义”作为摆脱经济危机的出路。按他的理解，社会主义最大的特征，便是国有经济一统天下。于是规模浩大的国有化运动在全国轰轰烈烈地展开，不到两年时间，法国就成了西北欧国有化最高的国家。

除此之外，政府还出台了一揽子福利政策，增加各类补贴，扩大社会保障，提高工资水平，缩短劳动时间，鼓励私人消费。密特朗的本意，是想让人们分享改革成果。可心急吃不得热豆腐，由于国有化步子迈得过快，摊子铺得太大，加上福利开支过多，结果却欲速则不达：政府这边赤字猛增，而市场那边，成本推动着物价轮番上涨，短短几个月，通胀指数就达到了两位数。

从1981年5月到次年6月，“法国式社会主义试验”只坚持了一年多便偃旗息鼓。自1983年开始，法国政府转而采取紧缩政策，经济由热转冷，全国总失业人数超过了200万。

多米诺骨牌效应

密特朗的一念之差，给法国就业问题埋下了隐患，引发了“多米诺骨牌效应”。在国有化运动中，政府涉足最深的是银行和竞争性企业。由于国企数量过于庞大，政府背上了沉重负担。职工吃喝拉撒国家都得管，而国企身为政府的长子，又必须听老子招呼，政府要安排劳动力，企业只能照单全收。

竞争性行业冗员过多，人浮于事，亏损面越来越大。企业不挣钱，政府自然没有税收。财政入不敷出，即使有好项目也没钱投资，结构调整更是有心无力。这样一来，制造业就成了法国吸纳就业的重要场所，信息技术等高科技产业，就业率低得可怜。

更不幸的是，此时法国传统产业又遇到了新兴工业国家的挑战。新兴国家劳动力低廉，产品卖得便宜，在贸易战中法国接连败北。另外，国有化使大批银行“私转公”，政府投资占了大头，民间资金被挤到一边，私营企业即使想帮政府一把，也只能望洋兴叹。20世纪80年代中期以来，法国政府为解决失业问题使尽了浑身解数，可很长时间都收效甚微。

为了应对失业，法国政府不得已又推行私有化。1988年和1993年，先后通过了两个私有化法案，国有企业从竞争性领域逐步退出。但企业要有竞争力，怎能是一个“私”字了得？与私有化配套进行的，当然是减员增效。可减员增效却又令失业人数上升。

左难右也难，政府又使出了另一招：限制外来务工人数。二战结束后，法国曾因劳动力不足大力鼓励移民。1946—1975年，移民猛增到340万人，占法国总人口的6.5%。于是有人认为，是移民抢了法国人的饭碗。70年代中期以后，法国政府采取了限制移民的政策，对移民控制更加严格。

可此举还是未能奏效。原因在于，这些外来人员主要有两类，一类是没多少文化的壮劳力，干的都是法国人自己不愿做的苦差，他们一走，脏活累活没人干，即使有人干，要价也会高得惊人。另一类则是高科技人才，欧洲其他国家对高科技人才需求不下数百万，求之不得，法国怎舍得让这些人离开?

失业率仍然偏高

限制移民的路也被堵死了，法国又接着在鼓励就业上做文章。可在密特朗之后，历届政府为取得公众支持，火上添油，把最低工资标准越定越高，福利保障也越来越优厚。高工资使企业对增员望而生畏，算来算去，添人不如添设备，马克思当年“机器排挤工人”的预言还真在法国应验了。

由于实行高福利，“福利病”也使就业政策屡屡失效。失业人员每月可以领到2000法郎救济金，还能享受多种福利补助，与其低三下四找工作，不如待在家里吃救济。失业的闸门一旦打开就很难再合上，1994年，法国失业人数突破300万，到1996年，法国失业率高达12.7%，在整个欧洲国家无出其右。

1995年，希拉克当选总统后，把解决失业问题当作头等大事，先后实施了一些新举措：通过了3年减税1200亿法郎的计划，刺激企业投资；缩短工时，实行35小时工作制。同时，控制工资增长，实现“就业机会共享”；改革福利制度，调整失业救济办法，拉大就业者和失业者收入差距，促使“懒汉”就业。

与此同时，还通过了“安置就业合同法”，政府对吸纳失业人员的企业提供巨额补贴；制定“青年就业法案”，重点安排青年失业者到第三产业工作；增强与发展中国家的贸易合作，为外贸企业开拓空间；鼓励风险投资，大力发展新经济；等等。新政府的反失业措施，吸取了以往的教训，多管齐下，重在治本，使长期困扰法国的失业问题得到了初步缓解。

进入21世纪以来，法国失业率降到了7%—9%的区间内，但与欧洲其他国家相比仍然偏高。看来，要摆脱失业阴影，法国还有很长的路要走。

意大利奋力追赶

意大利与法国是近邻，1887年两国反目成仇，进行了长达10年的关税大战。在这场没有硝烟的战争中，意大利损失惨重。

在近代欧洲，意大利属于二流国家，墨索里尼统治时期把国家推向了崩溃边缘。二战后，经过半个多世纪改革，终于脱胎换骨。

国家参与制企业为了国家利益鞠躬尽瘁，厥功至伟。然而时过境迁，到20世纪70年代后期却力不从心、处境尴尬。

大企业在“能源危机”中纷纷裁员，而中小企业优势尽显，脱颖而出。20世纪90年代以来，亚平宁半岛中小企业成为全球独特的风景线。

南部经济先天发育不足，政府就如同导演，精心编排，好戏连台，1950年后，南方渐渐走上经济发展的快车道。

第五章
意大利奋力追赶

意大利在古罗马时期，经济曾经十分繁荣。进入中世纪后，威尼斯、热那亚、佛罗伦萨等地一度成为欧洲最发达的商业城邦。但意大利工业革命起步晚，到19世纪中期国家才统一，与其他欧洲经济强国相比，工业基础相对薄弱，在技术创新和资本积累方面，至今仍存在一定差距。

第1节　关税大战闯祸

19世纪末，意大利因经济利益与近邻法国反目成仇，并挑起关税大战，结果弄巧成拙，自己在关税大战中损失惨重，原本是想通过贸易保护发展经济，最终却化为泡影，希望变成了失望。

风水轮流转

意大利是欧洲文明古国。如诗如画的亚平宁半岛，曾孕育出灿烂的古罗马文明。到了中世纪，它又以得天独厚的地理优势，成为东西方的贸易中心。

然而风水轮流转。15世纪末，葡萄牙开辟了通往东方的新航线，接着哥伦布又发现了美洲大陆，亚平宁上空的光环渐渐黯淡下来，半岛经济从此一蹶不振。西班牙、奥地利、法国先后乘虚而入，昔日威风八面的意大利，变成欧洲列强的附庸。

历经几个世纪的屈辱、抗争，1861年，意大利获得了独立和统一。然而此时，发达国家工业化已大功告成，经济落后的意大利不得不应对欧美强国的挑战。

意大利在独立以前，境内小国林立，市场分割，经济混乱无序。国家统一后，政府大刀阔斧改革，取消各地苛捐杂税，统一币制，废除教会的经济特权，农工商并举，经济呈现一派生机。

意大利对外经济交往，最初是采取自由贸易政策，第一任首相卡沃尔是其倡导者。卡沃尔在国家统一前，曾任皮蒙特地区行政长官，他在任期间推行自由贸易，大力发展工商业，使该区富甲一方，成为各地效仿的样板。

从地方官升迁为国家首相后，他仍然坚信自由贸易才是强国之道。而且从当时欧洲形势看，自由贸易也是大势所趋。1860年，英法两国签订友好商约，相互实行最惠国待遇。欧洲各国也化干戈为玉帛，纷纷拆除关税壁垒，形成一股自由贸易的潮流。

意大利当然不愿置身潮流之外，建国不久，便以皮蒙特地区为蓝本，实行低关税政策，向欧洲各国敞开了贸易大门。直到1878年，意大利才对关税政策略作调整，对不同商品实行不同税率，对个别行业适当保护。但总体上看，关税水平仍然较低。

与法国交恶

时隔不久，世界经济形势大变。随着运输工具的革命，北美和俄国廉价谷物大量外销，引发了欧洲“慢性农业危机”。意大利自然无法幸免，1878年以后的几年里，小麦收益下降了1/3，玉米、苎麻、畜产品滑坡更甚。

上述产品主要产自意大利北部，于是那里的农民和反对自由贸易的企业主联手向政府施压，实行贸易保护的呼声一浪高过一浪。尽管如此，意大利政府还是不敢贸然行事。原来，早在1863年它就与邻邦法国结好，互行最惠国待遇。

法兰西是欧洲强国，实力雄厚，与意大利经济互补，双方自订约以来，你来我往，互通有无，俨然成了一对好邻居。倘若意大利中途毁约，法国必然施以报复，如此一来，岂不是树了一个劲敌？

世间的事，无巧不成书。正在意大利政府左右为难、举棋不定的时候，法国却在无意中犯了忌讳。

作为老牌殖民扩张国家，法国自17世纪以来四处出兵，打打杀杀，抢占了不少地盘，仅在非洲就拥有1000多万平方公里土地。对此，意大利各小国虽垂涎三尺，却无计可施。国家统一后，意大利国力日增，羽翼渐丰，也想寻个机会从列强手里分一杯残羹。

意大利所看中的，是隔海相望的北非国家突尼斯。可1881年法国却抢先一步，将其据为己有，这下子捅了马蜂窝，意大利国内反法情绪高涨，反法组织与贸易保护论者不谋而合，搅得政府乱了分寸。1887年，意大利单方面宣布，大幅度提高关税，法国商品被拒之门外。

意大利围墙高筑，法国当然也要以牙还牙，对意大利的牲畜设起了关税屏障。法国睚眦必报，意大利更是撕破脸皮，1888年废除了意法贸易合同。作为回敬，当年2月法国对意大利商品全部采取歧视性关税。双方以怨报怨，关税拉锯战一打就是10年。

赔了夫人又折兵

意大利实行贸易保护，其想法由来已久。突尼斯事件只是导火索。意大利开国甚晚，家底薄弱，发展民族工业除了关税保护，政府实在想不出其他高招。只是由于先前卡沃尔当政，欧洲自由贸易格局已定，不便倒行逆施。这次提高关税，政府是经过深思熟虑的，料定关税保护利大于弊，所以才一意孤行。

意大利以为，提高关税对发展民族工业有好处，而且俄、美的廉价谷物，也不会再冲击国内农业。再者，意大利的出口产品多是原料和半成品，周围这么多工业国，不愁卖不出去。可事态的发展出人预料，事实证明意大利政府的想法几乎全部落空。

在这场没有硝烟的关税大战中，意大利葡萄酒业遭遇了灭顶之灾。战前意大利对法国年出口葡萄酒近3000万升，战局一开，出口量减少了99%。受其影响，南方葡萄园一派凋零，280多万老百姓背井离乡，北上逃荒。滚滚而来的移民潮令北方城市措手不及，不堪重负。

谷物关税提高，国产小麦顿时热销。可小麦种植户急功近利，不是改进品种、提高单产，而是扩大种植面积，粗放经营，谷物良莠不齐，意大利的支柱产业——食品工业，产品质量下滑，国外订单剧减。

亚平宁半岛煤铁匮乏，发展冶金业需大量进口原料，关税提高，法国质优价廉的煤铁矿产进不来，冶金业成本高昂，牵一发动全身，刚刚起步的重工业一溜垮了下去。

意大利的纺织业，曾被英、法同行挤得难以立足，迫于竞争压力只得引进先进设备，以质量求生存，可如今有政府作保护伞，纺织业不费吹灰之力，便可在国内市场横行无阻。在贸易保护期间，意大利纺织业的装备水平与欧美国家的差距越拉越大。

贸易保护政策虽能短暂刺激经济，但绝非长久之计。关税大战期间，意、法之间的贸易总额由6.33亿里拉，跌到2.62亿里拉，1891年与奥匈帝国、德国签订商约，以缓解出口困难，终因双方经济互补性不强，未能扭转对外贸易颓势。1898年，意大利终于主动休战，法国也捐弃前嫌，双方重修旧好，握手言和。

第2节　在逆境中求生

20世纪20年代，意大利法西斯掌权，大搞独裁统治，闭关锁国，穷兵黩武，结果多行不义必自毙，二战中被打得一败涂地，国力耗尽，成了欧洲的破落户。

墨索里尼雪上加霜

意大利在近代欧洲只属于二流国家。一战中虽是战胜国，但军费开支庞大，所得赔款入不敷出，本想发一笔战争财，却是竹篮打水一场空，使得当权者众叛亲离，狼狈下野。

1922年10月，墨索里尼趁乱夺权，取缔反对党，解散议会，推行法西斯独裁统治。墨索里尼的治国之术，靠的是民族狂热，但以此发展本国经济，有百害而无一利，后患无穷。

为树立“民族自信心”，他提出不惜一切代价，维护里拉与英镑的比价，结果由于里拉币值高估，意大利出口锐减，工业滑坡。为实现粮食自给，政府发动“小麦战役”，南方的葡萄园被强行改造成麦田，意大利农产品竞争优势尽失。

对外贸易无利可图，政府干脆限制进口，撕毁贸易合同，关起了国门。30年代经济大危机后，意大利政府对经济干预变本加厉，实行物价、外汇管制，日用品凭证供应，号召国民勒紧裤带，扩军备战。墨索里尼大开经济倒车，把意大利推向了崩溃的边缘。

第二次世界大战中，意大利1/3的财富毁于战火，工业生产不足战前1/4，外汇和黄金储备消耗殆尽，财政巨额超支，物价狂涨几十倍，失业人员不计其数，山河破败，生灵涂炭，国运倾危。人民饱受战争之苦，渴望安居乐业，天下太平。1946年6月，意大利举行全民公决，废除君主制，建立议会共和制。

工业二重结构

新总理加斯贝利认为，只有打破旧的经济体制，与发达国家融为一体，意大利才能扭转困境。他上任后不久，便取消了价格管制和实物配给制，放松外汇限制，出口贸易改由私人经营，并开始实施旨在增加民宅、减少失业的“范范尼计划”。

为推动建筑业优先发展，政府颁布了一系列土地法令，把61.8万公顷土地分给10.9万农户，成立南方银行，加大了对南方农业的扶持。1948年，意大利接受美国“马歇尔计划”，获得了14.7亿美元援助，次年加入北约，与各成员国广泛开展经贸合作，到1950年，意大利经济已恢复到战前水平。

由封闭走向开放，为意大利经济插上了腾飞的翅膀。但在常人眼里，意大利资源匮乏，经济落后，对外开放并无优势可言。然意大利政府慧眼独具，把不利条件转化成了竞争优势。

战后，意大利引进国外先进技术，发展了一批新型产业。对粗老笨重的老工业家底，政府没有弃如敝屣，而是长期保持工业二重结构，让装备落后、效率低下的老企业充分发挥“余热”。

原来，法西斯政府为保证兵源，鼓励生育，造成人口过剩。战争结束后，襁褓中的婴儿已长成精壮劳力，没活干没饭吃，不仅造成人力资源浪费，而且大量失业人员被安置到了低效率企业，工人收入只能处在一个较低的水平。

在这种情况下，新型企业只要把工资稍微提高，便可雇到优秀员工，支出这一块节省了，意大利的产品便能以价格优势占领国外市场。同时，低工资还使企业迅速实现自我积累，增加投资，改进技术装备，扩大生产规模。

新型企业越做越大，吸纳的劳动力也越来越多，传统企业完成历史使命，一批又一批光荣退役。维持二重性经济结构，使意大利实现了低工资、高积累。

1952—1960年，劳动生产率年均增长6.3%，而工资只增长了4.1%。与此相反，同期固定资本投资年均增长9.3%。直到1970年，意大利的平均工资还只有美国的1/3、西德的60%。意大利政府的这一做法，成了经济政策中的一个成功范例。

事实证明，实行对外开放是意大利政府作出的符合国情的抉择。意大利资源贫乏，80%以上的能源、原材料要依赖进口，发展工业先天不足，战后又长期实行低收入政策，国内市场狭小。只有扬长避短，把对外贸易做大，才能拉动经济快速增长。

经济总量超过英国

加斯贝利总理的对外开放政策，在后继者那里不断发扬光大。1951年4月，意大利参与建立欧洲煤钢共同体；1957年，成为欧共体创始国；1993年11月，又成为欧盟首批成员国。从对外开放中，意大利受益匪浅。

1958—1968年，进出口总额增长了2.5倍，到2000年，外贸总额增长215倍。实行对外开放政策，使长期落后的意大利工业焕发出勃勃生机。

战后初期，意大利市场还是外国货一统天下，到60年代，意大利生产的电冰箱的一半、洗衣机的1/3销往海外。1951—1963年，汽车出口以每年15.4%的速度递增，化学工业出口年增长率14.2%，整个工业的生产率提高了84%。1936—1940年间，意大利出口额占GDP的比重只有15%，1960年上升到26%，1981年达到53%。

为适应国际市场变化，意大利政府不断调整经济政策，推行国家参与制，对关键行业、支柱产业、风险大的新兴领域，政府直接投资，采取国家控股、民间参股、混合经营的形式组建大型企业集团，与国外同行一争高下。而且采取优惠政策扶持中小企业发展，鼓励私营企业参与国际竞争。

70年代石油危机后，政府致力于经济结构调整，逐步向后工业化社会过渡，特别是旅游业异军突起，成为国民经济中“最有活力的行业”。意大利的旅游外汇净收入，每年达70亿美元，成为仅次于美国的世界第二旅游大国。

半个多世纪的改革开放，使意大利经济渐渐步入了良性循环。1951—1963年，意大利GDP年均增长率为5.9%，工业产值年均递增9.1%，增速仅次于德国和日本，创造了举世瞩目的经济奇迹。1963—1973年，GDP年均增长率为4.9%，经济总量超过英国，睥睨欧洲；1976—1985年，GDP年均增长率仍达3.1%，明显高于多数西方发达国家。

昔日的“欧洲破落户”已改头换面，成为世界经济巨人之一。世界银行资料显示，到21世纪初，意大利国民生产总值在世界排名居第6位。

第3节 国家参与制

20世纪60年代末，英国工党在竞选纲领中宣称要参照意大利的“国家参与制”。1970年3月，法国便仿照意大利成立了工业开发公司。差不多就在同时，瑞典也派出代表团频频访问意大利。国家参与制有何高妙之处，能受到如此多的国家垂青？

伊里公司临危受命

随着新航线的开辟，世界的商贸中心从地中海沿岸转到英国。16—18世纪，西欧国家忙着殖民掠夺、积累资本，而意大利的商业却走向衰落。本国资源贫乏，再加上外族入侵，意大利经济发展很慢。

到了20世纪，意大利依然属欧洲的落后生，私人资本非常羸弱，很多行业不得不由国家代劳。墨索里尼为了发动第二次世界大战，将一些企业收归政府，以便能将有限的资源用于战争，从那时起，意大利便有了国家干预传统。

30年代，在全球经济危机的冲击下，意大利最大的三家银行几近破产，这对于相当萧条的经济无疑是灭顶之灾。为了拯救银行、扭转局势，1933年，由政府投资成立了一家控股企业——伊里公司。伊里公司临危受命，负责向工业部门提供贷款；理顺银行内外关系，完善银行体系。

当时成立伊里公司只是权宜之计，是想将企业整顿好后交给私人经营。但事后政府意识到，需要一个这样的机构来推行其经济政策。1937年6月，国家颁布法令，将伊里公司作为一个机构保存下来，伊里公司便成了意大利的第一家国家参与制企业。此后该公司通过控股，全面介入了海运、钢铁、机械、基础设施等部门。

1956年12月，根据1589号法令，国家参与部（国家投资部）成立，标志着国家参与制已成体系化的“金字塔式”的管理。最顶端是经济规划委员会，主管大政方针，总理亲任委员会主席，参与部部长是委员之一。

第二级是国家参与部，职责是通过国家控股，管理企业及经济部门；监督、协调国家参与制企业的经济活动，任免其负责人。

第三级是国家全额拨款的大公司，如伊里公司、埃尼公司等。而这些公司通过参股而管理的大企业，形成了第四级，并按控股的方式，一级级地往下延续，最底层便是星罗棋布的小公司。

危难之处显身手

国家参与制企业从事行业的利润率一般很低，小资本对此不敢问津。如果让大资本加盟，又会威胁国家的控制权。所以这些企业国有股占了绝对优势。如商业银行87.8%的股份，信贷银行76.5%的股份，意大利航空公司股本的99%，都掌握在国家手中。

20世纪70年代，意大利尚无反垄断法，维护竞争的职责就落到了国家参与制企业肩上。菲亚特公司曾一度垄断了国内汽车市场。为加强竞争，伊里公司投资成立了阿尔法·罗密欧汽车厂，以推动汽车行业良性发展。

意大利能源匮乏，为避免在能源方面受制于人，1953

年2月，第二大国家参与制企业——埃尼公司成立，其使命是：确保国家能源安全，并逐步实现自给自足。

意大利南北差距大，为开发南部，1958—1973年国家参与制企业将其一半的资金、30%的就业机会，“送给”了利润率较低的南方。

二战结束后，庞大的失业大军涌向社会。伊里公司在自身人员过剩的情况下，仍以大局为重，1968—1977年为社会提供了22万个就业机会。

在经济危机时期，投资者宁愿把钱闲着，也不愿冒险投资。而国家参与制企业为减缓危机震荡，则不断加大投入。1970—1972年，投资分别增加了42.4%、33.7%、16.8%。国家参与制企业的目的本不在盈利，因此面对国家危难，自是责无旁贷、挺身而出。

当民族工业还很稚嫩时，一旦国际资本铺天盖地席卷而来，国内小企业很难有招架之力。意大利钢铁工业落后，1937年每位员工钢产量仅为50公斤，相当于德国的1/6、法国的1/4。为防外资乘虚而入，第二次世界大战后，国家投资新建了一些大型的钢铁公司，通过增加投资、改进技术，大力发展钢铁行业。

1952—1967年，意大利钢产量从35万吨增加到1589万吨，1963年，其平炉钢价格低于法国、联邦德国。对一些濒临倒闭的私人企业，国家也没有袖手旁观。1971年政府成立了工业管理和控股公司，专对那些亏损的私企进行投资和改造，待到扭亏为盈后，再交还给私人经营。

该公司在成立后的13年中，先后扶持过122家私人公司，并使它们起死回生。国家参与制企业就如同一位长兄，里里外外地张罗：对外维护经济主权，对内则安抚中小企业，可谓鞠躬尽瘁，厥功至伟。

敢问路在何方

到了70年代后期，国家参与制企业渐渐出现了亏损。在1974年经济危机中，投资锐减，失业人数突破200万。此时的国家参与制企业，再也没有原来那种叱咤风云、扭转乾坤的本领了。

由于长期忙着为他人作嫁衣，自己成了富余劳动力的大本营，企业每况愈下；尤其是所从事的基础性行业在新技术浪潮冲击下，成了夕阳产业，利润低微，生存也变得艰难。1983年，伊里公司亏损额达3.25万亿里拉；埃尼公司亏损了1.4万亿里拉。

国家参与制企业毕竟是政府的亲儿子，看到儿子陷入泥潭，政府当然不会不管。1983—1985年，政府将伊里公司下属的14家企业出售给私人；1992年，几大国家参与制企业被改为股份公司；1992—1993年，埃尼公司旗下的100家企业被关闭、出售或转让。

与此同时，政府还对企业进行了重组。伊里公司原有5家通信企业，由于设备陈旧、业务分散，效益不尽如人意，1994年政府将其剥离出来，组建成意大利电信公司。该公司成立后，一方面完善了管理，另一方面积极参与国际竞争，1997年营业额比成立之初增加了近5倍，成了世界电信业的第五大巨头。

意大利的国家参与制，走过了近百年风风雨雨，为国家经济发展忍辱负重、战功显赫，但也曾因“关心别人胜过自己”而处境尴尬。1990年，美国《财富》杂志为全球最大的50家工业公司排座次，伊里、埃尼两大公司榜上有名。不过未来国家参与制将何去何从，意大利政府目前仍在探索中。

第4节　中小企业王国

20世纪70年代，中东石油国家收回石油标价权。为维护自身利益，发展民族经济，它们一致对外，减产提价，引发了全球“能源危机”。意大利的大企业遭遇当头一棒，效益急转直下，而中小企业却增丁添手，产销两旺，成为战胜危机的生力军。

不受待见的“孩子”

回溯历史，意大利的中小企业比大企业的“资格”要资深得多。早在14世纪，威尼斯、热那亚和佛罗伦萨等城邦就出现了手工工场。这些小型的丝织、毛纺企业，从手工作坊起步，实行家族经营，产品用料考究，做工精良，畅销于欧亚市场。

此后500多年，意大利成了欧洲强国的附庸，国家一盘散沙，无力对外殖民扩张，加之国内资源贫乏，发展大工业缺资金、少技术、没原料，于是中小企业应运而生，在亚平宁半岛遍地开花。

意大利位于中南欧，周边强手如林。英、法、德等工业化先行国家企业规模庞大，实力雄厚，与它们相比，意大利的中小企业只能委曲求全，在夹缝中求生存。没有自己的大工业，成了意大利的一块心病。

国家统一后，历届政府无一例外都以发展大工业为己任。建国后不久，意大利政府便出台诸多优惠政策，吸引法国银行家来国内投资兴建了大企业。可惜没等开工点火，意、法之间就爆发了关税大战，法国资金回撤，扔下一批半拉子工程。

19世纪末20世纪初，焦利蒂执政期间大力推行股份制，电力、汽车、化工、钢铁企业拔地而起，为意大利在一战中取胜奠定了工业基础。墨索里尼当权后，颁布法令，鼓励企业兼并，使与军工相关的大企业，成为国家全力扶植的对象。

自国家统一至二战结束，意大利的中小企业，一直被政府晾到一边，无依无靠，自生自灭。

二战后的30年里，意大利中小企业的境遇并没有多大改观。无论经济学家还是政府官员都认为，中小企业装备差，管理落后，产品技术含量低，不会有什么大作为。于是政府利用“经济二重结构”政策，以“小”补“大”，对中小企业多收少投。

而政府对大企业则另眼相看，中小企业便成了大企业的“起跳板”。在政府的恩宠下，大企业逐渐身强力壮，产品打进国际市场，给政府赚了利润，挣了面子。可中小企业并没有像人们所预料的那样销声匿迹，它们像顽强的野草，枯了又绿。

意大利政府对中小企业缺少疼爱，反倒使中小企业在与大企业的竞争中自强不息，改进技术，加强管理，调整结构，在逆境中杀出一条血路，不但数量越来越多，在国民经济中的比重也有增无减。

能源危机中转运

1973年和1980年，全球爆发了两次能源危机。发达国家经济一落千丈，意大利也在劫难逃，通货膨胀率高达21.2%，财政赤字占GDP的比重上升到13.7%，失业率也突破了两位数。在经济危机中，大企业裁员歇业，风光顿失，而中小企业优势尽显，脱颖而出。

原来，汽车、冶金、化工等大型行业，能耗大，油价暴涨，企业成本迅速增加。1970年，大企业迫于工会压力，实行“滑动工资制”，工资成本居高不下。企业摊子铺大了，船大掉头难，商品供大于求时，想要转产难于上青天。

大企业的上述弱点，恰恰是中小企业的强项。意大利中小企业多数不在高能耗领域，石油提价对其不利影响微乎其微；意大利的特色加工业享誉世界，在崇尚个性化的时代，其产品备受青睐，供不应求。

另外，大量失业者和第二职业者，为中小企业提供了充足劳动力，他们不仅工资低廉，还不需企业代交保险金，即使被解雇了，工会也不会上门找麻烦。中小企业一般实行家族经营，投资少，转产快，市场需要什么，它们就能见缝插针立马生产出来，在市场竞争中常常抢得先机。

接二连三的经济危机，让备受冷落的中小企业苦尽甘来，它们以不俗的表现，改变了决策者的陈腐观念，迎来了千载难逢的发展机遇。到90年代，中小企业更是气势如虹，无可匹敌，成了国民经济的“顶梁柱”。

轻型工业化战略

经历“能源危机”之后，意大利政府通过反思，调整了政策，实施“轻型工业化”战略，转而对中小企业鼎力扶持。中央政府设立专门的指导和融资机构，通过各地雇主协会，倾听中小企业呼声。为提高中小企业技术水平，1982年政府颁布46号法律，向小型电子企业拨款140亿里拉；1983年，又决定向中小企业优惠出租自动化设备。

1991年，通过《扶持中小企业创新与发展法》，中小企业实行技术创新可得到资金、技术、税收支持。1996年，又投资5.96亿美元作为中小企业技术革新基金。

在政府的操持下，中小企业技术服务中心遍布全国，它们聘请高校、科研院所专家，直接为企业技改排忧解难。同时，政府还在中小企业密集区建设工业园，为其发展提供全方位服务。

意大利政府通过研究发现，成功的中小企业并不是“麻雀虽小，五脏俱全”，而是“一招鲜，吃遍天”，不仅分工细，而且专业性强。受其启发，政府积极推动专业化分工协作，形成了各具特色的发展模式。

百能顿公司是“卫星式”结构，总部设在乡间别墅，负责总体规划、产品设计，与之协作的小企业星罗棋布，遍及城乡；服装、制鞋业采取的是“无形大工厂”模式，相关企业集中一地，一道工序一家企业，首尾相连，最后由联合销售公司卖到世界各地。

弗留利座椅产区，则是“网状企业群”模式的典型代表，区内小企业按照统一标准组织生产，都用“弗留利”这一驰名商标，减少无序竞争，实现利益共享。

有了政府支持，意大利中小企业如虎添翼。在托斯卡纳、艾米利亚—罗曼涅、威尼斯形成了中小企业“工业化走廊”；政府投资，极大地调动了中小企业技术投资的积极性。20世纪80年代后，中小企业技改投入已远远超过了政府拨款，多数企业鸟枪换炮，实现了祖传秘技和现代工艺的完美结合。

昔日的家族企业，通过制度创新逐步成为规范的股份公司。到90年代，中小企业总数占全部企业的99.8%，员工占就业总人口的78.2%，在GDP增量中的比重超过60%，撑起了对外贸易的半壁江山。亚平宁半岛的中小企业，成为全球一道独特的风景线，意大利也赢得了“中小企业王国”的美誉。

第5节 南部大开发

20世纪50年代前，意大利北部与南部就像两个贫富悬殊的兄弟，一个西装革履、住高楼大厦，另一个则衣衫褴褛、窝在破草棚里。为促进南方经济的发展，政府用了40年时间，投资100多亿里拉，颁布了20多个相关法令，终于缩小了南部和北部的差距。

南部先天不足

意大利矿产资源贫乏，石油、天然气储量有限，而水力资源则相对丰富。北部阿尔卑斯山区，地形落差大、降雨多，从能源的角度讲，许多行业偏向在北方安营扎寨。南方却无此优势，1953年，其水力发电量仅为全国的13.1%，只能望“水”兴叹。

意大利山地多、平原少。而南方的平原仅占12.3%，只相当于全国平均水平的一半。复杂的地形，再加上乱砍滥伐，使水土流失现象极为严重，这不仅危及了生态安全，也给筑路业出了难题。20世纪50年代，北部的公路已四通八达，南部许多地区尚未通车，十分闭塞。

意大利的北部，与法国、瑞士、奥地利相接壤，外贸条件得天独厚，很早进入了商品经济时代。1871年，西北部工业三角区就已出现了股份公司。而在当时南部，罗马教皇位高权重、一呼百应。19世纪末，南方依然是个政教合一的封建社会，90%的土地仍掌握在大庄园主与教会手里。

苍蝇不叮无缝的蛋，相对落后而混沌的南部，成了黑手党的温床。南部黑社会活动猖獗，杀人越货时有发生，弄得人心惶惶、商旅不安，更不敢从事商贸活动，以致南方商品经济发展受阻，小农经济长期存在。

可是祸不单行。1922年，墨索里尼开始了他的独裁统治。按理在南北部经济不均衡的情况下，应给南方加油添火。但他为打赢世界大战，急功近利，一方面，大力发展北方工业，另一方面，让南方仅生产小麦，严重抑制、延缓了南方的工业化进程。

第二次世界大战后，美国为帮助欧洲经济复兴，实行“马歇尔计划”。该计划的执行者与墨索里尼犯了同样的错误，将绝大部分援助款投向了北方；南方受战争破坏最大，得到的援助款却很少。第二次世界大战前后，南北差距进一步拉大。1952年，北方的人均收入比1938年增加了23%，而南方却下降了10%。

与北部相比，南部既先天发育不足，又后天营养不良。二战后，南方农民因土地太少、受的压迫太重，愤愤不平，爆发了“争取土地、反对失业”的运动。声势浩大、此起彼伏的农民斗争，让政府束手无策、坐立不安。

实施“三大战役”

以工业部部长罗多尔夫·莫兰迪为首的有识之士，意识到问题的严重性，并组成了新南方主义派。他们强调说，南方也是国家的一个部分，不改变其落后的现状，就没有真正的国强民富。面对农民运动和民众呼声，政府不再坐视不管，从1950年起实施“三大战役”，将南方送上经济的快速列车。

1950年8月，政府成立“南方基金局”（公共事业特别工程基金局），对开发南方的各项计划予以协调及资金扶持。从1950—1957年，由“南方基金局”唱主角，打响了南部开发的第一战役。

当时，让农民怨声载道的是土地占有不均。“南方基金局”从大土地所有者手里，征了约50万公顷土地，通过分期付款或贷款优惠，出售给无地或少地的农户，基本上解决了土地问题。

化解土地危机后，该局又大规模修建基础设施，从1951—1955年，投资了4677亿里拉修筑公路、铁路、港口及铺设水管。自此第一战役首战告捷，改善了投资环境，为工业化做好了铺垫。

第二战役从1958年开始，重点转向重工业。根据634号法令，国家在人口较多、交通便利、经济基础较好的地方建立了工业发展区，“南方基金局”为它提供了85%的发展资金。从1958年开始，为促进南方工业化，政府出台了一系列的措施。

投资新办的工厂，可免征10年所得税，新建厂房可享受25%的补贴，购买机器有10%的补助；并规定：政府采购额必须有30%用于南方；国家参与制企业总投资的40%、新项目资金的60%得投向南方。为提高南方职员的素质，1965年政府成立了南方职业培训中心。

政府一系列的优惠政策，推动了第三战役，并带来了两次投资高峰：1959—1963年，投资额翻了一番，新建了10个工业区。1968—1974年，冶金、石化行业投资增长了近两倍，钢铁、机电业成了投资商的新宠。发展重工业的“戏”连头带尾唱了8年，而当中有6年，南方发展速度比北方快两个百分点以上。

南北仍存在差距

当政府政策倾向重工业时，中小企业却被冷落了。南方中小企业发展很慢。许多外来大企业由于没有中小企业的配合，而成了“沙漠中的教堂”——虽然富丽堂皇，但朝拜者甚少，香火不旺。企业以营利为目的，若没有钱赚，必然会脚底抹油，溜之大吉，就算留下来，也只能是要死不活，苦熬日子。

20世纪七八十年代，石油价格上扬等因素，引发了两次全球性经济危机。意大利南部大企业受危机的冲击很大，纷纷减产裁员，原先在北方工作的南方人，也返回家园。南方失业率急剧上升，是北方的好几倍。而当地重化工业企业，多属于资本密集型，能吸纳的劳动力有限。就业不足的问题，一时间让政府很是头疼。

为此，从1976年开始，国家调整了南方政策，为中小企业大开绿灯。5月2日政府颁布183号法令，拨款18.2万亿里拉，按投资规模，以递减的比率给企业补贴。此外，政府还成立了南方金融租赁公司，将先进技术设备以低廉的价格租给中小企业。南方的中小企业，时来运转，终于迎来了快速发展的春天。

1984年，“南方基金局”结束其历史使命。不久，政府便成立了“特别干预协调会”（简称“南方局”），其干预的范围不再是某个部门或行业，而是整个社会。此后，南方的经济发展享受到了更多的优惠，政府对南方的调节已转向综合性、高层次的阶段。

为加速南方经济开发，政府就像一个导演，精心编排，好戏连台，南部面貌焕然一新。1951—1985年，农业就业人口比重从57%降到18.7%；服务业从业人员占57.1%，产业结构趋于合理；公路增加了两倍多，铁路基本实现电气化；按不变价计算，人均产值增加了3倍，城乡居民生活水平大大提高。

到90年代初，南部几个工业区的工业化程度已接近中部和北部。不过迄今为止，南北仍存在差距，虽然意大利政府一直都在努力，但南北方经济何时才能并驾齐驱，现在还是个未知数。

加拿大行稳致远

麦克唐纳执政期间是加拿大历史上最困难的时期，但他通过实施保护性关税、修建太平洋铁路，使国家走出了困境。

在20世纪30年代经济大危机中，小麦经济不堪一击，导致与小麦生产相关的制造业与加工业也遭受灭顶之灾。

加拿大银行制度基本上采用英国模式，非银行金融机构与资本市场，仿照的却是美国模式，形成了加拿大独特的金融体系。

外资不仅解决了国内资金不足问题，还引进了先进技术。但由于外资渗透过多，逐渐显现出弊端，成了本国经济发展的阻力。

1984年，面对财政赤字和高失业率，政府提出了扩大贸易、吸引外资、寻找新市场战略，使经济飞速发展，政治难题也迎刃而解。

第六章
加拿大行稳致远

17世纪初，法国殖民者开始在加拿大建立殖民地；18世纪中叶，法国在“七年战争”中被英国击败，加拿大继而由英国控制；19世纪中叶，加拿大开始工业化，制造业和农业快速发展。两次世界大战期间，加拿大是盟军重要的物资供应基地之一，战后经济增长保持稳定。加拿大2023年GDP总量约为2.1万亿美元，人均GDP约为5.3万美元，成为全球第十大经济体。

第1节　建国初举步维艰

1867年7月1日，原归英国管辖的北美大陆的一些省正式合并，组成一个新国家："加拿大自治领"，首都定在渥太华。当时爱德华王子岛、纽芬兰尚未并入联邦，而新斯科舍还想退出联邦；近邻美国对加拿大国土虎视眈眈，想乘机抢占地盘扩张本土。加拿大内忧外患，前景扑朔迷离。

被逼无奈的选择

加拿大1878年总统大选，前任总统麦克唐纳和现任总统麦肯齐旗鼓相当、难分胜负。在一次集会上，保守党候选人麦克唐纳遭到了自由党人袭击，当场被打得失去了知觉，然而，他稍息片刻随即发表了精彩绝伦的演说，令人拍案叫绝，最终赢得了大选。

加拿大是一个年轻的移民国家，没有共同的文化底蕴，民族观念不强。与美国、德国不同，这两个国家是通过暴力斗争才实现了民族独立，而加拿大则是在母国首肯下，将各州撮合到了一起，算不上真正的政治经济独立。

在建国之初，加拿大有识之士就对此深表忧虑，认为新生的自治领充其量只是一个拼凑而成的联合股份公司，既没有灵魂，也没有生命力，如若听其自然，将永远受制于人。由此他们提出了"加拿大第一"的口号，主张振兴民族经济。

1846年前，原英属北美各省与英国、美国间实行互惠贸易，关税很低。1846年，英国废除了《谷物法》，开始实行自由贸易政策，对世界各国一视同仁。加拿大再不能享受母国的关照，也曾试图提高关税，以维护本土利益，但由于英、美等国强烈反对，提高关税的想法成了南柯一梦。

按说联邦独立后，有了自主权，提高关税本该不是问题，但有两个省怕高关税会使其外贸利润减少，对此提议横加指责，并以脱离联邦相要挟，刚刚成立的国家经不起折腾，所以加拿大在成立后的六七年间一直没提高关税。

麦克唐纳出手不凡

1873年，欧美国家发生经济大萧条，商品过剩、物价下跌。由于大多数国家都实行保护性关税，高额关税犹如门神，通过提高销售价格将商品拒之门外。而加拿大低关税却给了它们可乘之机，欧美国家商品大量倾销，本国产品反而销路不畅，加拿大商人被狠狠宰了一刀，损失惨重。

19世纪70年代，关税是加拿大的唯一财源。而倾销而入的商品价格异常低廉，国家财政收入锐减，严重入不敷出。自由党曾将关税提高了两个百分点，但只是杯水车薪，于事无补。

与自由党相比，麦克唐纳则出手不凡。他一上台，就立马将保护性关税定为国策。他的理由是：外国商品倾销让加拿大深受其害，而加拿大关税几十年来不变，国库空虚，提高关税无可厚非。1879年《关税法案》通过后，关税率提高了一倍。

1874年，工业品进口税不高于17.5%，而此次调到了25%—35%；棉毛纺织品税率调到了30%。高税率阻挡了外国商品倾销，保护了本国工商业者利益，加拿大原本稚嫩的工业，也免受了狂风暴雨的摧残。1881年，出口总值达到了历史最高水平。同时国家税收也增多了，实行新税制的头两年，财政收入比之前增加了50%。

加拿大成立之初，由于交通不便，西部地区天高皇帝远，动不动就要提出脱离联邦闹独立，渥太华政府对它们鞭长莫及。麦克唐纳认为，只有让东西部有机地融合在一起，形成一个全国性市场，实现经济统一，政治统一才有根基。而要使东西部经济融合，就得解决交通不便问题。

其实他在首次执政时，就曾计划在蒙特利尔与温哥华之间修建一条“太平洋铁路”，但由于自由党反对，该计划中途流产。麦克唐纳第二次执政时，又旧话重提，在他的极力倡导下，加拿大太平洋铁路公司于1881年宣告成立。

为支持铁路公司，政府不仅把原有700多公里铁路拱手相送，而且提供了2500万美元的财政援助。为了确保铁路公司尽早收回投资，政府还将铁路沿线2500万英亩土地划拨给公司出售。此外，对公司财产和设施一应免税，并赋予它在西部地区享有20年的运输垄断权。而政府对公司只有一个要求，就是要在10年之内，让太平洋铁路全线通车。

然而修建太平洋铁路耗资巨大，到1883年又赶上了新一轮全球经济危机。为抑制通货膨胀，各大银行紧缩银根，纽约和伦敦的金融机构变得格外谨慎，取得贷款非常困难；铁路公司本想通过出售股票筹集资金，可经济危机却使股票暴跌，如此一来，铁路公司被逼得束手无策。

危急时刻，政府又给了公司2200万美元贷款，此举使当年国债规模增加了35%。自由党抓住这一“把柄”，指责保守党置国家利益于不顾，与工商业界联系过密。1884年，公司因资金短缺再次向政府提出2250万美元的贷款要求。在一片责难声中，麦克唐纳爱莫能助，贷款计划只好暂时搁浅。

太平洋铁路贯通

对麦克唐纳而言，修建太平洋铁路受阻只是困难之一。随着铁路的修建，西部移民增多，使当地的梅蒂人土地相应减少，生活方式随之改变，他们对此极为不满。1885年，梅蒂人揭竿而起，并建立了“临时政府”，和联邦政府唱对台戏。

麦克唐纳不愧是精明的政治家，有“负负得正”的本领。米得尔顿将军应召前去平息叛乱，可当时太平洋铁路仍有250公里没有贯通，铁路公司就用马和雪橇帮助军队运输物资。由于交通顺畅，梅蒂人“临时政府”不到两个月便宣告解散。也正是通过这次平叛，国人意识到了铁路的重要性，对修建太平洋铁路的态度有了180度大转弯，公司贷款计划顺利通过。

1885年11月7日，太平洋铁路全线贯通，比政府要求的时间提前了一半。铁路建成后，西部的移民更多了，原来的“土著”居民只占10%，形不成气候，再也不能兴风作浪；东西部联系更紧密，实现了真正融合。

麦克唐纳执政之初，国力羸弱、政局不稳；他执政期间经历了经济危机、政治分裂，可以说是加拿大历史上最困难的时期。但他立足本国国情，处变不惊，通过实施保护性关税、修建太平洋铁路，使国力日盛。1891年，麦克唐纳再次赢得了大选，两个月后因病与世长辞。

麦克唐纳的头号政敌曾经如此评价他的一生：“可以毫不夸张地说，从麦克唐纳进入议会的那天起，他的生活就是加拿大的历史。他把加拿大从毫无共同之处、仅靠一纸契约来维系的小省份，变成了现在发展壮大的加拿大。”

第2节　农业遭受重创

17世纪前，北美大陆的印第安人刀耕火种、广种薄收，粮食产量很低。1867年，加拿大农产品尚需进口。此后，政府采取倾斜政策，引进先进技术，春风化雨，种植业逐步成长壮大。20世纪，小麦在加拿大的外贸舞台上长期担任主角，唱了30多年的压轴戏。

世界最大粮仓

19世纪后半叶，欧美工业化如火如荼，城市日益增多。随着城市的扩张，土地变得相对稀缺，农田不断减少，使粮食需求猛增、粮价上扬。刚刚独立的加拿大，赶上了这趟“幸运列车”。

加拿大气候适宜、草原辽阔，很适合小麦生长。机遇就如树上的果子，若不及时采摘就会坐失良机。为抓住机会，加拿大政府颇费心机。1872年，国家颁布《自治领土地法案》，规定每个移民只需交少许登记费，就可获得160英亩土地，3年后缴足移民税，土地便可归其所有。

1886年，在政府大力支持下，从蒙特利尔到温哥华的铁路通车，优惠的政策、便利的交通，促成了西部开发浪潮。20世纪头10年，大草原人口从42万增长到130万，农场面积达到5750万英亩。

另外还有重要的一点，美国西部开发比加拿大先行一步，积累了许多经验。而加拿大与美国比邻，近水楼台先得月，可以轻而易举地学到美国先进的农业耕作技术。

1901—1919年，小麦产量从5600万蒲式耳，增加到2.31亿蒲式耳，不到20年时间便翻了两番。自20世纪20年代起，农业逐步实现了机械化。对当时的农业大开发，加拿大学者曾如此描述：“其丰富多彩远远超过最浪漫的想象，冷落空旷的西部，正成为世界最大的粮仓。”

小麦的出口，为加拿大换回了大量外汇。1901年小麦的出口额不足700万美元，而到1921年，出口额便达到2.11亿美元。小麦出口使工业也受益匪浅：农民收入增加了，购买力也水涨船高，原先无人问津的工业品，现在已不愁销路。

铁路不仅快捷，而且运费低廉，很受农民青睐，于是为减少运费，他们大修铁路，从1901年到1919年，草原铁路增加了7500英里。铁路运输不仅降低了工业品销售成本，而且扩大了农产品销售市场。

小麦经济陷入困境

正当此时，产业革命先驱英国对海外投资很感兴趣。肥水不流外人田，英国投资商对大英帝国子民——加拿大自然是关爱有加。而加拿大政府为了保护本国稚嫩工业，从19世纪末起将关税率提高到35%，在高关税呵护下，工业发展突飞猛进。

20世纪前10年，加拿大制造业的产值增加了2.5倍，钢铁增加了3倍，面粉及磨坊产品翻了5番。纸浆、有色金属开始出口。

另一方面，由小麦引起的西进浪潮，促进了东西部联系。东部需要西部的农产品，西部对东部的工艺品爱不释手，两者间依存度加大了。原先貌合神离的东西部，似乎被一条无形的纽带捆在了一起。

然而好花不常开，好景不常在。20世纪30年代，一场经济大萧条席卷全球，加拿大自然也没能逃过这场劫难，特别是那些曾经春风得意的麦农，又成了首当其冲的受害者。

其实在一战期间，麦农就蒙受过损失。战争虽增加了对农产品的需求，但兵荒马乱的年代生产成本增加幅度更大，收不抵支使小麦生产一度萧条。所幸的是，时隔不久国际局势便趋于稳定，小麦产业也恢复了昔日风采，麦农只受了点皮外伤，并未伤筋动骨。

可这次大萧条不同，大有墙倒众人推之势。一战时期，美国由于远离战场不仅毫发未损，反而大发战争横财，所以战后能提供大量的资金援助；欧洲经济之所以能很快复兴、世界经济在很短时间里能趋于稳定，在很大程度上应归功于美国。

然而遭遇30年代这种全球性大危机，美国也是泥菩萨过河——自身难保，它不得不大幅削减对外援助资金。受其影响，欧洲的购买力陡然下降。而美国、德国、意大利、法国又加强了农业保护，开始对外国农产品征收高关税，这样使得加拿大小麦出口严重受阻。

与加拿大一样，阿根廷、澳大利亚也是小麦的主要出口国，为缓解危机，他们宣布货币贬值，农产品凭借其价格优势，在国际市场上很是得宠，而加拿大的小麦经济则四面楚歌，陷入了重重困难之中。

结构调整转型

在残酷的现实面前，无奈的麦农只能减少种植面积或降低售价。1932年的小麦价格不到1926年的一半。1937年的大旱灾，对小麦生产者更是雪上加霜，1938年的小麦产量比1929年减少了70%，下降到20年前的水平。

麦农惨遭打击，只有抛弃农庄去逃难。大草原被赤地千里所代替，农场不断地被抛弃，农业元气大伤。与小麦生产相关的制造业、加工业也同样遭受灭顶之灾，工厂纷纷关门歇业，成千上万的失业者绝望地在街头流浪，社会动荡不安。

曾经为经济发展立下赫赫战功的小麦怎么会如此不堪一击？原因其实简单：农业不仅有自然风险，也有市场风险。生产结构过于单一，就等于把鸡蛋全放在了一个篮子里，一旦碰上天灾人祸就很难应对。所以单靠小麦实现富国强民，并非长久之计。

正因如此，政府便很快进行了结构调整转型，让小麦退居到了“二线”。政府通过农业补助，要求农民减少小麦种植面积，转而发展畜牧业。1939年大草原三省2/3以上的收入来自小麦，而到了1942年，这一比例下降到1/3以下。1942年，原小麦主产区阿尔伯塔省，养猪收入首次超过了种小麦的收入。

结构调整的另一重点，是加大工业技术革新力度，培养新的经济增长点。加拿大拥有煤、铁、石油、镍、金、银等大量矿产资源，发展工矿业很占优势。随着飞机制造业兴起、新闻媒体增加，加拿大的铝、纸浆、新闻纸等产品出口大幅上升，从1929—1945年，钢产量提高了120%，铝产量增加了500%。

目前小麦虽然还是加拿大重要的出口品，但经济严重依赖小麦的时代已一去不复返了。

第3节　金融兼容并蓄

加拿大曾是大英帝国的殖民地，又是美国的邻邦，在创建金融体制时，借鉴了这两个国家的经验，让两种截然不同的模式取长补短、兼容并蓄，使本国的金融体制日臻完善，健康发展。

借鉴英国模式

加拿大第一家商业银行“蒙特利尔银行”，1822年正式注册成立。此后凡加拿大的商业银行，都得过政府注册这道关，这一规矩一直延续至今，所以，商业银行亦被称为注册银行。

建国之初，加拿大面临银行制度的选择。一种是英国模式：建立全国性的分支机构，银行规模大、数量少，权力集中、便于管理、风险小；一种是美国模式：银行没有分支机构。两相比较，美国模式下的银行规模小、数量多，竞争激烈。

当时加拿大以林业、农业、木材加工业为主，这些产业地域性与季节性强，资金需求量很不稳定，有了全国性分支机构，资金调配范围广，从总量上能避免资金需求的起起落落，减少经营风险。

加拿大大部分地区地广人稀，资金流动少，要是建一个五脏俱全的银行，成本过高，很不划算，而建一个营业网点既方便快捷，又费用低廉，英国模式似乎更适合于加拿大的国情。

1871年，加拿大政府颁布了《银行法》，以法律形式将这种经营体系固定下来。为加强对金融业管理，在银行业务方面，规定不得从事抵押贷款、不动产、证券投资等长期信贷业务；注册银行每年得向政府有关部门、股东递交详细的经营报告。

1880年和1890年，《银行法》又进行了两次修改，提高了银行的最低开业金，增加了进入该行业的难度。《银行法》的颁布和修订，一方面增加了注册银行的安全性，使公众对银行充满信心；另一方面，也使金融业的门槛高了，实力薄弱者只能知难而退。

注册银行不用担心别人抢饭碗，整个业内形势一派大好。在政府鼓励下，大银行吞并小银行，并不断发展壮大。1890—1919年间，银行资产增加了近6倍，分支机构从426家增加到3000多家，而注册银行的数量却减少了近一半。

参照美国模式

第一次世界大战爆发时，全球经济变幻莫测。作为参战国之一的加拿大为确保金融稳定，废除金本位制，纸币不再与黄金挂钩，让加元汇率在外汇市场上自由浮动，在财政部开设最终贴现窗口。

此举使政府能运用货币政策，强化了宏观调控的力度，是迈向现代金融管理的第一步。但是废除金本位制后，银行发行银行券少了限制，多了自由，再加上战后的通货膨胀，银行出现支付困难。

1923年，一个拥有70多家分支机构的注册银行“家庭银行”因无力清偿债务而破产。政府一向以稳健谨慎金融为原则，此事无异于平地一声惊雷，大出政府所料，于是不得不采取紧急应对措施。

为防患于未然，1924年加拿大在财政部设立银行总监察局，专门对注册银行进行监督检查，并将结果直接报给财政部部长。由于政府管得严、保险措施得当，1923—1985年，加拿大没有一家注册银行倒闭。

随着《金融法》《银行法》的颁布，中央银行业务也被分解，所以没有中央银行，加拿大人也不觉得少了什么。1929—1933年的大萧条，使加拿大经济大受影响：出口额下降了一半，投资减少了4/5，注册银行的资金减少了20%，银行贷款降低了30%。

虽说银行渡过了难关，但萧条使货币供应紧缩，加剧了危机，政府想运用货币政策来扭转局面，但因货币市场不完善，政令难行，调控乏力。所以政府意识到，应该设立一个中央银行，把金融市场规范起来。

1935年，经首相贝内特提议，国会批准，加拿大中央银行正式成立，这意味着加拿大的金融制度，已步入现代化的轨道。

加拿大银行制度采用英国模式，而非银行金融机构与金融市场则是仿照美国模式，政府这样设计的用意，是让金融机构在市场中相互竞争，相互促进，形成加拿大独特的金融体系。

30年代，在星罗棋布的注册银行分支网中，零星点缀着非银行金融机构。第二次世界大战结束后，加拿大经济复苏，跨行业、跨部门、跨国界的经营活动异常活跃，金融业活动空间更大了。与注册银行相比，非银行金融机构所受的羁绊少：无须国会点头，只要省里批准就可成立。

少过一道衙门，便免去了不少麻烦；并且所要求的启动资金也不多，只需有5万—20万加元自有资本（注册银行启动资金至少是100万加元）就可开张营业。非银行金融机构作为一种新生力量，牢牢地抓住了这一机会，迅速发展壮大起来。

1951—1966年，加拿大的抵押贷款公司、信托公司、信用社吸收的存款增加了8.2倍，而注册银行同期只增长了2.5倍。

注册银行作为金融业老大，担负着稳定大局重任，政府对它们看得紧、要求也高。加入该行业很不容易。1966年加拿大注册银行仅8家，在银行业内部容易协调，没有形成激烈竞争、相互促进的局面；由于银行所受的限制多，在金融市场上竞争就如戴着手铐打拳击，本领施展不开，久而久之，老大地位便摇摇欲坠。

国际化提速

新的形势变化，要求政策也得作出相应调整。1967年，政府出台了银行法修正案，为注册银行松绑：降低了法定准备金率，取消贷款利率的最高限制，允许从事长期信贷业务。一向以稳定为最高目标的政府为防范居民存款风险，同时配套推出了《加拿大存款保险公司法》，并成立了加拿大存款保险公司（CDIC）。

如此一来，注册银行就可放开手脚与其他金融机构一争高低。1980年，政府再次修订《银行法》，又一次调低了存款准备金率，并将注册银行分为A、B两类，允许外资进入B级银行，且注册银行增加到51家；1988年注册银行分类改为Ⅰ级和Ⅱ级，而美国控制的Ⅱ级银行享有与Ⅰ级银行同等待遇，进一步加强了金融领域的竞争。

20世纪50年代前，加拿大货币市场只有注册银行，中央银行的金融工具仅限于短期国库券。随着非银行金融机构异军突起，注册银行竞争机制不断完善，加拿大货币市场也日益成熟。

50年代后，在央行倡导下增加了国库券发行量，缩短了交易时间（由两周拍卖一次，改为一周一次）；从1954年起，短期证券批发商，可以得到央行和注册银行的贷款，从事多种金融商品买卖。金融交易增多了，品种更为丰富，货币市场逐渐繁荣。

80年代后，外国银行和外资大量涌入，金融国际化提速，加拿大金融体系与国际全面接轨。1986年12月，政府发布“金融部门新方向”白皮书，进一步放松管制、加强竞争，但其金融制度改革趋势更多是向美国模式靠近。

第4节　引进外资

生物界有一个有趣的现象：一种作物因缺水而干枯时，适当浇些水可让它焕发生机；但要是水浇得过多，作物便会蔫了。世间万物皆有度，做过了头不仅无益，反而会受害。加拿大引进外资就曾陷入过这种“多多益善”的误区。

外资双刃剑

加拿大的自然资源丰富，煤、铁、镍、金、银、石油、天然气储量很大。在激烈的国际市场竞争中，对原料的控制往往成为克敌制胜的法宝。加拿大的资源，令英、美等国垂涎三尺，而要将一个主权国家的资源为其所用，最简捷的办法，莫过于投资开发、参与控制。

与西方国家比，加拿大劳动力价格低，水电费便宜；其国土广、人均收入高、市场广阔。良好的投资环境让商家怦然心动。1879年，为了保护民族经济，麦克唐纳大幅度地提高关税，此后高关税成了一种传统。

附加在商品上的关税抬高了进口商品价格，导致国外企业与国内企业不公平竞争。国外企业意识到，与其接受高关税，在竞争中头破血流，还不如输出资本，就地生产就地推销。1947年，加拿大通过提高关税，使汽车进口量减少了89%，但外资控制的子公司产量增加了54%。

在加拿大政府看来，发展经济需要庞大的资金投入，而本国财力有限，引进外资就如同借鸡生蛋，用别国的钱办自己的事，何乐而不为呢？于是政府为外资进入大开方便之门：提供优惠措施，减免税收，以鼓励外国资金来加拿大投资。

外资看中了加拿大的资源、市场、劳动力，加拿大则相中了国外的资金。两相情愿，便一拍即合。从建国的1867年到1975年，外资增长了342倍，1975年，外资产出占国民生产总值的42%。

外资渗透规模之大、程度之深居世界之首，给加拿大确实带来了不少好处：解决了加拿大国内资金不足的问题，引进了先进技术，增加了就业。19世纪末，铁路事业蓬勃兴起，二战后采矿业突飞猛进，外资都起了重要作用。

但是，真理再向前迈一步，就成了谬误，外资渗透过多，逐渐显现出弊端，成了本国经济发展的阻力。

1971年，非金融部门的外资控制额占37%。现代融资渠道广，要控制一个公司并不需要掌握50%以上的股份，外资37%的股份，已足以控制加拿大的经济命脉。60年代末，加拿大最大的矿业公司——3家镍矿、9家石棉矿、2家铁矿、3家水泥厂、3家汽车公司以及全部石油天然气公司等，尽在外资掌控之中。

当自家的资源被别人控制后，当然只能听人摆布。加拿大能源部吉莱斯皮曾感慨地说："加拿大对自己生产什么、在哪里销售等战略问题已没有话语权，都得由外国董事定夺。"

处处受制于人

西部的阿尔伯塔、萨斯喀彻温省盛产石油，70年代前，为满足美国的能源需求，其绝大部分石油低价卖给美国人；但渥太华以东地区因为能源短缺，尚需高价进口石油。外资只求利润，不可能顾及当地人的利益，加拿大为此损失巨大，吃了不少哑巴亏。

加拿大对外贸易，60%—70%是与美国做的，美国打一个喷嚏，到了加拿大就可能引起一场倾盆大雨。第二次世界大战前，为了推销美国铁矿和工业品，美商阻挠加拿大开采铁矿。战后美国铁矿几近枯竭，美商便一改初衷，将战后发现的魁北克—拉布拉多矿产地据为己有，大规模开采铁矿运回美国。

50年代，美国对铀的需求量很大，铀矿便成了采掘业中的重点。可10年后美国经济出现衰退，采购规模缩小，铀矿的地位一落千丈，加拿大的子公司纷纷倒闭。1971年美国实行“新经济政策”，对进口制成品增收10%附加税，加拿大与美国联系最紧，所受的损失也最大。过度地引进外资，使加拿大缺少独立性，经济极不稳定。

一般来讲，随着国家经济发展，制造业比重会上升，采掘业比重会下降。可加拿大并非如此，其制造业发展缓慢。60年代初，60%的机械仍需进口；从1945年到1973年，石油产量增长了77倍，天然气增长了64倍，铁矿增长了48倍，飞速前行的采掘业，令制造业望尘莫及。

出现这种反常现象，归根结底也是外资惹的祸。加拿大的原料往往不在本国加工；本国制造业所需的原料，还得从国外进口。比如加拿大开采的石棉，大约有94%在国外加工。1958年，加拿大黑色冶金业用的铁矿，66%得从美国进口。

加拿大80%的工业区，在魁北克和安大略省的西部，该地离煤区有1600公里，为了节省运输成本，只得从美国进口煤。外资的胳膊肘自然不会往外拐，从一开始就给加拿大布下了“圈套”，使其产业结构和地区布局极不合理，而加拿大却身不由己，只能闭着眼睛往里跳。

颁布《外国投资审查法》

外资犹如章鱼触须缠住了整个国家，令加拿大苦不堪言。据统计，从1950年至1974年，输入外资为203亿加元，而外商从加拿大获得的利润却高达409亿加元。在引进的外企中，大多资本并不是直接来自国外，而是来自本国老百姓的血汗钱。

60年代，美国又吞并了几家加拿大公司，以此为导火索，加拿大政府再也不能无动于衷了，便采取了一系列应对措施。

1960年，提出“加拿大人参加条款”，规定石油和天然气矿区只能租给本国人或本国公司；1964年，修改《保险、信贷和信托公司法》，规定在这些领域，非加拿大居民所持股份不得超过25%。

1967年修订《银行法》，规定外国人不得在加拿大开办新银行，对外资控股额已达25%的银行，严格限制其业务范围；航空、媒体、土地等方面，也颁布了相应的条例，以防外资“夺权”。

政府在60年代采取的措施，主要是针对一些关键部门，但对外商投资和兼并活动并没有进行限制。1971年前后，加拿大掌握的最大铀矿公司——登尼逊矿业公司，主要的石油企业——霍姆油公司，成了美商的兼并对象。此事一时引起举国关注，民怨沸腾。

于是政府不得不出面干预。1971年，政府通过了《发展公司法案》，对本国企业予以资金援助，以促进民族经济发展。1973年，颁布了《外国投资审查法》，设立外国投资审查局，只有能带来重大利益的境外资金，才被批准进入；凡资产在25万加元以上、营业额超过300万加元的公司，外资收购前须经政府审核。

《外国投资审查法》于1975年10月15日正式实施，标志着对外资实行全面管制。此后，加拿大外资规模不再扩大，外资企业“行为”也有所收敛。但是，加拿大经济和外资的联系千丝万缕，要想一下子摆脱干系消除后患，并非一朝一夕的事。

第5节　重启门户开放

保守党候选人马尔罗尼1984年当选为加拿大总理。与前几任总理不同，他力主贸易自由。引进外资曾让加拿大吃过大亏，有切肤之痛，按理应该对外采取限制措施。可马尔罗尼力排众议，重提门户开放。这看似有些心血来潮，其实是他深思熟虑后才作出的慎重选择。

马尔罗尼“新战略”

20世纪70年代，石油价格上调。中东石油出口国财源滚滚；石油进口国却因原料价格上升，经济一派萧条。加拿大石油公司大多控制在外资手里，开采的石油绝大部分运往国外。加拿大自己虽有油源，但石油仍需进口。石油危机导致数万个小企业破产、数百万人失业。

1980年，国民生产总值仅增长0.1%，而消费价格指数却增长了10.5%。为走出危机，时任总理特鲁多心生一计：把石油矿从美国人手里夺回来，变劣势为优势。不久，政府颁布了“国家能源计划”，规定外国人要开采石油得向政府申请，而对公司控股额小于50%的外资，则无申请权。

加拿大做出如此规定，明摆着是要挤走外资。外资也很识趣，一时间数十亿美元撤离，加美关系恶化。外资的转移对本已萧条的经济无疑是雪上加霜，经济恶化又使加元贬值。本国投资者信心不足，资金纷纷转向国外。该计划实施的效果与其初衷大相径庭。1982年，石油价格回落，此计划无疾而终。

一年后，世界经济开始复苏。各国都以积极的姿态参与国际贸易。全球经济一体化已成为世界各国的共识。在这种潮流下，谁先参与区域合作，谁就是国际市场最早的宠儿。

1984年，刚上台的马尔罗尼研究了特鲁多失败的原因，面对财政赤字和高失业率，提出扩大贸易、吸引外资、寻找新市场的新战略。这一构想，与当时人们的主流观念相距甚远。加拿大曾因外资比重过高，经济结构畸形、布局不合理，使自己处于非常被动的地位。由于外贸依存度太高，国际市场上一有风吹草动，到了国内就成了惊涛骇浪。

一朝被蛇咬，十年怕井绳。当时加拿大国内有许多人担心，对外开放会引狼入室而重蹈覆辙。而马尔罗尼则指出，在世界贸易迅猛发展的时代，要想避免国外经济的影响无异于痴人说梦。与其闭关锁国，倒不如以积极姿态与狼共舞，通过参与国际竞争，不断增强自身的实力。

北美自由贸易区

为敞开国门，融入世界经济浪潮中，马尔罗尼一上台，就推进市场化运动。一方面，减少国家干预，放宽对运输、电讯、金融、银行业的管制；另一方面，开展私有化运动，从1984年到1990年，政府所辖的17家企业、5000万加元资产变为私有。

同时，政府允许其企业参加“星球大战”计划，承担了北美警报系统的费用，这是加拿大一改闭关锁国的传统，积极参与世界贸易迈出的第一步。1985年，政府撤销了外资审查署，代之以加拿大投资部。名称不同，职能也今非昔比：原先要限制外资进入，现在是制定更优惠政策改善投资环境，以吸引外商、留住外资。

筑巢引得凤凰来，优惠政策使外资增长很快。1986年，加拿大获得净外资16亿加元；第二年，增加到48亿加元；1988年，净外资达605亿加元。短短两年间增长了36倍。

与加拿大贸易关系最密切的，当属美国。1985年，加拿大启动美加贸易谈判。由于涉及方方面面的利益，贸易谈判进展很不顺利。经过23轮、历时16个月的艰苦努力，1987年10月，终于修得正果，美加政府达成了协议。

该协议规定，降低或取消部分商品的关税，取消配额和农产品出口补贴，减少对能源进出口的限制；制定了免税时间表，决定用10年的时间分期分批地免除双方间关税；对方的企业在本国能享受“国民待遇”；两国间的国境通行更为便利；美资进入加拿大金融业，会得到特殊关照。

协议虽已达成，但要正式实行还得经国会批准。1988年，马尔罗尼再次赢得大选，他对议员解释说：美加市场合起来值5亿加元，是当今世界上最为富有的市场，加拿大的产品，尤其需要这样的市场。1989年1月1日，美加自由贸易协定开始生效，北美自由贸易区逐步形成。

管大放小

加拿大人好了伤疤，但并没有忘记疼，对过去外资给他们造成的伤害，依然记忆犹新。因此在门户大开的同时，他们牢牢把握住“管大放小”原则。修改后的《加拿大投资法》，允许外商独立办厂，凡500万加元以下的外资，进入加拿大无须政府审查，这样使外商有了较高的自由度。但是，对于那些关系到国计民生、严重影响竞争的行业，政府却严防死守，各项细则以及严格的审查程序，就像是一道道防火墙。外商若想进入，往往会碰得一鼻子灰；就算过五关斩六将，在投资局能侥幸通过，也可能被政府以“严重妨碍公众利益”为由予以否决。

当然，从总体上来说，马尔罗尼执政期间，政府的管制更少，外贸更自由，经济形势也大为好转。从1984年到1988年，加拿大的国民生产总值年均增长4.7%，这一速度超过了美国、日本、欧共体；1984年，财政赤字达201亿加元，到了1989年便减少到20亿加元。自由贸易政策，使企业家开阔了眼界、拓展了市场、提高了效率，在世界经济舞台上有了一席之地。加拿大的经济结构也随之改善：1963年，能源的出口比重为40%，到了80年代末，其比重下降为20%；制造业发展很快，服务业的比重大大提高，到80年代末为60%。对加拿大而言，畸形的经济结构逐步得到矫正。

魁北克省原由法国控制，主要流行法语。在加拿大这个大家庭中，它就像个外地人，操着异地口音，有自己的性格和习惯，显得很不合群。它也感到了自己的孤立，所以很不安分，常常与联邦政府对着干。1963年，“魁北克解放阵线”成立，动不动就声称要脱离联邦。

4年后，戴高乐访问加拿大，发表了“魁北克自由万岁”的演说，更是火上浇油。魁北克的分离倾向，是历届总理头疼的问题。然而到了80年代，随着经济的迅速增长、加拿大国际地位的提高，不知不觉中魁北克省已经作为加拿大的一员参与到国际贸易中，法语加拿大人和英语加拿大人相互携手、并肩作战，他们之间日渐融洽。在这种形势下，闹独立的人只会自讨没趣。

马尔罗尼的门户开放政策，不仅使经济飞速发展，也使政治难题迎刃而解了。

俄罗斯愈挫愈勇

彼得大帝的改革没有触及土地问题。一个半世纪后内忧外患。在帝国覆灭前，总理大臣斯托雷平掀起了一场更为深刻的变革。

实行“战时经济政策”取得对敌斗争胜利后，领导层围绕“国家走向”展开了争论，最终选择以退为进，实施“新经济政策”。

苏联工业化搞得太匆忙，高投入、低产出、低收益的增长方式不仅浪费了大量资源，而且给经济发展留下了隐患。戈尔巴乔夫实施“加速战略”，由于速度过快过猛，苏联这列火车最终脱离了轨道。

俄罗斯把“休克疗法”当作灵丹妙药，却药不对症。1992年底盖达尔政府解散，标志着“休克疗法”彻底失败。为遏制“休克疗法”引发的经济衰退，先后有5位总理轮番上场，时势造英雄，普京在政坛崭露头角。

普京执政后，整顿政治秩序，强化中央权力，重新确定经济发展模式，历经磨难的俄罗斯经济出现了复苏曙光。

第七章
俄罗斯愈挫愈勇

17世纪的俄罗斯还是一个以农业为主的封建国家，彼得一世改革开启近代化进程，到19世纪工业有了一定基础，但农奴制严重束缚了经济发展。1861年农奴制改革，为工业发展提供了条件。1922年苏联成立后实行计划经济，迅速实现了工业化。1991年苏联解体后，俄罗斯经济体制转型，战胜了严峻挑战。

第1节　土地与自由变奏

在俄罗斯圣彼得堡矗立着一尊巨大青铜雕像：彼得大帝跨上马背，右手向前挥舞，骏马前蹄腾空，后蹄将一条巨蟒踩在脚下。每当人们路经此处，总会驻足仰视，缅怀这位明君开创的千秋伟业。1689年，年仅17岁的彼得一世放眼看世界，以过人的胆识和气魄，推行“欧化”改革，建工厂，办教育，迁新都，搞扩张，把封闭落后的沙俄变成了欧洲大陆的强国。

废除农奴制

再伟大的君王，也难以超越所处时代的局限。彼得大帝的改革未曾触动土地所有制，千百万俄国农奴仍然一贫如洗，生活在水深火热之中。直到一个半世纪以后，俄国又历经两次变革，才废除了农奴制度，走上了农业现代化之路。

彼得一世的后继者穷兵黩武，意欲称霸欧亚。打仗靠的是实力，除了兵强马壮，军需给养也要确保无虞。而俄罗斯气候寒冷，人口稀少，农业生产发展缓慢。为实现帝国霸业，统治者置民生于不顾，硬要从农民身上榨出油来，而农奴制恰恰是最好的“榨油机”。

农奴手无寸土，又无人身自由，只得依附于农奴主和贵族，他们不仅为主人无偿劳动，还要缴纳苛捐杂税。俄国靠搜刮民脂民膏补充军力，在对外战争中连连得手，版图不断扩大。对沙皇来说，农奴制“法力无边”，不仅毫无必要废除，还需不断强化。

1765年，叶卡捷琳娜二世一纸诏书，便将5000万俄亩新扩国土，连同土地上的农民，赏给皇亲国戚和立功战将。到19世纪初，俄国农奴超过2000万，占全国人口的90%以上。

1846年，英国废除《谷物法》，降低粮食进口关税。以农业为主的俄国，粮食出口激增。看到种粮有利可图，农奴主便变本加厉，再一次在农奴身上做文章，让农奴无偿劳动的时间由每周3天增加到5天，“官”逼民反，农奴不堪其苦，只得铤而走险，揭竿而起。这一时期，各地农奴暴动此起彼伏，多达300多次。

除了“内忧”，还有“外患”。1853—1856年，俄国对土耳其发动克里米亚战争，结果被增援的英法联军打得溃不成军。痛定思痛，俄国统治者终于明白，英法取胜，不光在于装备精良，而且是由于它们早就完成农业革命，实现了工业化。国力强，拳头自然就硬。

1861年2月，沙皇亚历山大二世签署法令，宣布废除农奴制。农奴在法律上取得独立，农奴主不能再买卖农奴，也不能干涉他们的生活。法令还规定，农奴可以得到一块份地，虽仍需向农奴主购买，但只需缴纳20%的现金，其余由政府以有息债券代付，购买者可以在49年内向政府还本付息。

1861年的法令，使1000多万农奴受益。1863年和1866年，俄国又先后颁布两个法令，改变了“皇族农奴”和“国家农奴”的身份。这样一来，俄国农奴全都获得了“解放”。

农民被剥夺

天下没有免费的午餐，农民赎买份地，代价高得惊人。当时国家把地价抬得老高，原本只值6.5亿卢布的土地，卖给农民却要9亿卢布，加上偿付国家贷款本息，农民实际花销不下20亿卢布。不仅农奴主从中大捞了一笔，国家也收取了大量的利息，倒霉的只有农奴，为了赎回自由身，被狠狠宰了一刀。

尽管如此，农民还是有了指望：只要辛勤劳作，省吃俭用，多年后或许会无债一身轻；说不准哪天手头宽裕了，还能再买地盖房过上好日子。而原来的农奴主钱更多了，人手却少了，于是便不再广种薄收，开始置办农机，使用化肥，生产效率大大提高。废除农奴制，终归是解放了生产力，使俄国农业出现了重大转机。

可是，制约农业发展的桎梏，至此尚未打碎。也许是被农奴暴动吓破了胆，当权者在宣布解放农奴的同时，又下令在各地普遍建立“村社”，给农民套上了新的“紧箍咒”。根据新法令，农民必须带着份地加入村社组织。未经村社允许，农民无权出卖转让土地，也不能擅自脱离村社。

原来的农奴主摇身一变，成了村社的“保护人”，有权撤换村长，驱逐村民，未经其允许，村社不得改变耕作方式，不得开垦荒地。农户之间实行“连环保”，互相监督，哪户若不服从村社管理，作奸犯科，邻里会因知情不报受累遭殃。几个村社组成乡，乡一级设行政、司法、警察机关，是维护帝国秩序的根基。建立村社组织，牢牢束缚住了俄国农民。难怪几十年后，列宁对这段历史作出了这样的评价：俄国农民获得“自由”的时候，已经被剥夺得一干二净了。

村社的建立，抵消了废除农奴制的成果。农民的份地不能买卖转让，限制了土地集中，阻碍了农业规模经营。因农民不能自由流动，城市工厂普遍缺乏劳动力，工业化步履维艰。到20世纪初，俄国非但没有国富兵强，与美、英、法、德等国的差距，反而越拉越大，成了列强中实力最弱的一个。

斯托雷平改革

在新一轮国际竞争中，俄罗斯帝国明显处于劣势。1906年，内阁总理大臣彼得·斯托雷平执掌大权，为了挽救日薄西山的俄罗斯帝国，在尼古拉二世的支持下，于同年11月，又一次对农业进行改革。

斯托雷平政府规定，农民的份地纯属私有财产，有权退出村社，可以自由转让、买卖。根据新法令，先后有1600万俄亩土地真正回到农民手中，有240多万户农民从村社退出，单立门户，自主经营。

同时，政府还责令农民银行发放优惠贷款，推动土地兼并，培植了154万个独立农场。同时，组织破产农户移民西伯利亚，试图在广袤的边疆地区发展更多的现代农场。斯托雷平的改革，使土地和农民自由流动的问题基本上得到了解决。

1908—1914年，有110万份农地进入市场交易，300多万农民不再固守穷庐，或加入移民大军，或以真正的自由人身份，进入城市劳动力市场。

像所有气数已尽的王朝一样，俄国并没有因斯托雷平的出现而摆脱覆灭的命运。今天俄罗斯已很少有人知道斯托雷平这个名字，但这场改革对俄罗斯的历史影响极为深远。当改革进行到第7个年头，俄国谷物产量便达到8600万吨，这个纪录，即使到了1953年的苏联，也没有被打破。有人甚至认为，斯托雷平改革是沙俄留下的一笔财富，从当今俄罗斯的农业变革中，都能或多或少地看到斯托雷平改革的影子。

第2节　新经济政策

1848年2月，《共产党宣言》出版，整个资本主义世界犹如大祸临头，惶惶不可终日。70年后，马克思、恩格斯的预言在俄国变成了现实。1917年，十月革命一声炮响，宣告了沙俄的灭亡。

战时经济政策

但是，血与火催生的苏维埃却没能一蹴而就，跑步进入社会主义。特殊的历史环境和国情，使苏俄突破前人的设想，走过了一段不同寻常的发展道路。

苏维埃政权一经建立，就被“文明世界”视为眼中钉。不到5年时间，先后有14个国家对其武装干涉。原沙俄残部也纠集力量，发动叛乱。生死存亡系于一发。布尔什维克党人在列宁领导下，与国内外敌人展开了殊死搏斗。

常言道，兵马未动，粮草先行。红军将士血战沙场，要靠强有力的经济后援。可对方有备而来，战局初开便抢得先机，占领了俄国3/4的国土，切断了粮食、原料主产区通道。

为了拯救摇篮中的新生政权，自1918年6月起，苏维埃实行“战时共产主义政策”，余粮收集制、工业国有化、义务劳动制和实物配给制等相继出台，全国变成一个大兵营，上下齐心，勠力抗敌，终于夺得了胜利。

和平曙光已经来临，可围绕国家的走向，一场激烈的争论在领导层内部展开。

大多数人认为，战时共产主义政策与马克思、恩格斯对未来社会的构想相契合，只要人不解甲马不卸鞍，定能一鼓作气地直接跨入社会主义。而也有人认为，战争时期采取的非常措施存在着很多弊病，用于和平时期建设未必有利；俄国国情离经典著述的要求相距甚远，建设社会主义尚需从长计议，急躁不得。

两种主张各有道理，何去何从，一时间难以定夺。

新经济政策以退为进

1921年2月，红军队伍里发生了一场兵变。镇守喀琅施塔得要塞的士兵多是农民子弟，听说家里被余粮收集制逼得没了活路，怒从心头起，竟然枪口内转要挟中央。“要苏维埃，不要共产党的苏维埃”的口号，引起了全党的反思。

其实，对余粮收集政策，农民一直心怀不满。政府向产粮省强行摊派征购任务，付给农民的钱很少，出价只相当于黑市价的1/10。起先各地普遍抗粮不交，上面便动用军队，组成收粮队下乡，挨家挨户强征硬收。为完成任务，有人一面用枪顶着农民脑袋，一面扒粮食，老百姓的余粮和部分口粮，甚至开春用的种子，统统被拉走了。

在十月革命中，农民无偿得到了土地。他们知道，只有苏维埃打了胜仗才能保住自己的土地，对余粮收集制尽管牢骚满腹，也只得忍而不发，可战争一结束，余粮收集制便再也推不下去。

屋漏偏遭连阴雨。农村形势剑拔弩张，而城市经济也开始触底。企业国有化一哄而上，政府顾了东头丢了西头，企业资金不足，人才匮乏，生产经营难以为继。战争过后，工业产值减少6/7，煤炭减产2/3，生铁减产97%。

战时义务劳动制和实物配给制曾大显神威，和平年代却不再灵验了。没了打仗的压力，干活大家都想省点劲，吃大锅饭也无须谦让，农民不交粮，城里库存告罄，实物配给成了画饼充饥，工人纷纷罢工游行。苏共领导人强烈意识到，革命胜利后若再沿袭老办法不仅建不成共产主义，还有可能把苏维埃引向歧路。

1921年3月，俄共十大决定改行粮食税，代替余粮收集制，新经济政策随即启动。

与余粮收集制相比，实行粮食税后，农民上交的粮食不足原来一半。交足国家的，剩下的便是自己的，农民舍得投工投料，生产热情空前高涨。由于税率稳定，政府的收税员没遇到多少麻烦，当年完税率高达96%。

粮食市场曾被明令取缔，1921年5月，最高国民经济委员会颁布“关于交换”的法令，粮食交易开禁，农民可到市场出售余粮，城里人随时可买到粮食。实行粮食税政策，允许农产品买卖，适应了俄国小农经济为主的国情，但并不是长久之计。列宁认为，农业的最终出路，是把农民联合起来建立合作社，引导个体小农经济向社会主义过渡。

按新经济政策的有关规定，对国营企业重新进行了整顿。重要经济部门和关键行业，国家实行严格控制；中小企业招标出租，无人承租的归还原业主；实在无法处理的，依法进行关闭。对高度集中的企业管理体制也进行改革。推广经济核算制，在国家计划指导下，企业经营和财务独立，按照商业化原则运作，实行计时工资、计件工资和奖励制，取消平均分配。

成效彰显

十月革命中，布尔什维克最先抓在手里的是政权，其次便是银行，而且银行还是国有化的首班车。但实施国有化的最初目的，却是消灭银行，进而消灭货币。1920年1月，政府通过《关于撤销人民银行》的法令，在以后21个月的时间里，银行销声匿迹，成了财政部门的一个行政机构。

允许粮食买卖，实行新工资制，货币媒介必不可少。1921年10月，全俄苏维埃中央执行委员会作出重建国家银行的决议，银行各项业务重新恢复。银行从撤到建，反映了俄共思想认识的转变。列宁曾深有感触地说："银行是现代经济生活的中心"；"我们需要的国家银行同商业的关系应当比资本主义同商业关系最密切的国家银行还要密切一百倍。"

粮食税、交换法令、银行重建，这些新经济政策冲破了理论禁区，于是引进外资与发展对外贸易相继展开。在实行新经济政策过程中，政府将无力经营的油田租让给外商，以此吸引外资，引进先进技术和管理人才。1921年3月，苏维埃政权捐弃前嫌，与英国政府握手言和，签订双边贸易协定，苏俄主动向西方国家打开了开放窗口。

为保证新经济政策落到实处，政府对管理体制进行改革，改变高度集权的管理模式，限制最高国民经济委员会的职权，工业主管部门由52个减至16个，建立区域经济委员会，把部分权力下放到了地方。

与此同时，还对财政进行整顿，开源节流，重建税务机关，废除无偿调拨等制度。为了稳定经济秩序，银行恢复了金本位制度，改善货币流通，此举让一度恶化的通货膨胀得到了有效控制。

列宁曾把新经济政策比作爬山，登山者迂回前行，目的是积蓄体力，另寻捷径，待时机成熟便可向顶峰冲刺。按照他的设想，新经济政策并非权宜之计，而是要持续相当长的时间。可惜由于列宁英年早逝，新经济政策过早中断，他的后继者很快选择了另一条路线。

第3节　高速工业化

苏联20世纪20年代末，曾不惜一切代价优先发展重工业，实现了迅速求强的目标。但因操之过急，造成经济畸形发展，结构比例严重失调，高速工业化的后遗症久治不愈，最终欲速不达，酿成了“卫星上天，红旗落地”的悲剧。

重工业压倒一切

1924年1月21日，列宁溘然长逝。几经党内纷争，斯大林声望日隆。由于实施新经济政策，此时经济元气已经恢复，重回到了一战前的水平。

不过尽管如此，苏联国力仍比较孱弱。好比一部汽车虽做了保养，可关键部件没有更换，本应谨慎行驶才行。可由于列宁还没来得及把这一情况告诉新主人便撒手人寰，斯大林当时又血气方刚，他根据自己的判断，陡然换挡，一个劲地加油提速，结果当然可想而知。

新经济政策强调循序渐进，农、轻、重均衡发展；而斯大林的看法却与之大相径庭。他认为，俄国工业化落后发达国家近百年，如果再循规蹈矩、按部就班地发展，与它们的差距只会越拉越大。由于社会制度迥异，两种力量迟早要一决雌雄，发展慢了无异于坐以待毙。

发达国家工业化是先轻工，后重工。而斯大林强调，苏联应该反其道而行之，集中力量把重工业先搞上去，然后回头再搞轻工业会易如反掌。1928年，苏联第一个五年计划编制完成，发展重工业成为压倒一切的任务，工业化的车轮滚滚向前。

从1928年10月到1941年卫国战争爆发，苏联先后实施了三个五年计划（其中第三个五年计划被中断）。此间重工业增长9倍，在工业产值中的比重，由39.5%上升到61.2%。新建大企业9000多家，形成了以重工业为中心的工业体系。

苏联工业化的骄人成就，令西方世界叹为观止。特别是20世纪30年代，资本主义世界爆发了经济危机，欧洲上空阴云密布，昔日的工业强国凄风苦雨，满目萧条，而苏联却是一枝独秀。

当苏联完成头两个五年计划后，国民生产总值跃居世界第二、欧洲第一，已由落后的农业国变成先进的工业国。在工业化过程中，军工企业比重尤高，后来苏联能在卫国战争中取胜，也得益于这个时期所积攒的实力。

农、轻、重失衡

凡事都有利必有弊。苏联工业化由于搞得太匆忙，难免顾此失彼。据统计，1929—1940年，工业化投资年均增长17.9%，比社会总产值增长率高33.6%，比国民收入高22.6%，如按净产值计算，投入与产出差额更大。

高速工业化搞了7年后，才有一家新建重工企业盈利。高投入、低产出的粗放型增长方式不仅浪费了大量人力物力，而且从长期看，收益也是在不断递减。这种片面追求速度的做法，一直延续到苏联解体。

有学者曾测算过，20世纪70年代末，苏联每增加一单位国民收入，比美国用钢量多90%，耗电量高80%，投资要多出一半。后来苏联经济被日本与德国赶超，这应该是一个重要原因。

与重工业的高速度相比，其他产业则黯然失色。在10多年的高速工业化过程中，轻工业增长速度仅为重工业的1/3；最惨的是农业，不仅停滞不前，甚至一度倒退。造成这一局面，其实也与苏联片面发展重工业不无关系。

重工业规模大、周期长、投资多，资金从哪里来？斯大林在1926年的一次讲话中回答了人们的疑问。他指出：英国靠掠夺殖民地完成原始积累，德国拿普法战争赔款办企业，沙俄靠外国贷款投资搞工业化，这些苏联都不能用。唯一的办法，是节衣缩食，自力更生，走社会主义积累道路。

斯大林所讲的这条道路，实际上就是采取工农产品价格“剪刀差”，牺牲农业补贴工业。可农民的觉悟远没有他想象的那么高，政府压低粮食收购价，抬高工业品售价，农民干脆把粮食堆在屯里不卖。

1927年末到1928年春，苏联出现了粮食收购危机，眼看企业还未上马便要歇工，政府便又使出战时经济政策的老套路，派出小分队，下乡强行征粮。根据刑法第107条，凡有粮不售者，一律判处有期徒刑。

推行计划体制

强征硬收毕竟不是长久之计，于是便有了个“一劳永逸”的解决方案，从1929年11月起，苏联开始实行全盘农业集体化。1933年1月，联共（布）中央宣布：“把分散的个体小农经济纳入社会主义大农业的历史轨道的任务已经完成。”原来的2000多万农户，被20多万个集体农庄所取代。由国家向集体农庄选派干部负责组织生产，农民由此失去了经营自主权。

为了稳住农民，1932年底，苏联恢复了沙俄时期的身份证制度。农民没有身份证，便不能自由迁移，他们只能像祖先一样，被牢牢地束缚在土地上。政府还控制了全部农机具，共建立了2500多个机器拖拉机站。它们为农庄提供索价不菲的服务，农庄则用农产品支付报酬。

1933年，苏联宣布实行农产品义务交售制，粮食交售额占产量的32%—43%。对苏联农业的全盘集体化，毛泽东在《论十大关系》中曾指出：“苏联的办法把农民挖得很苦。他们采取所谓义务交售制等项办法，把农民生产的东西拿走太多，给的代价又极低。他们这样来积累资金，使农民的生产积极性受到极大的损害。”

在实现高速工业化的同时，高度集权的计划经济体制也随之建立并巩固下来。高速工业化，在联共（布）党内曾引起极大的争议。为了加强领导，斯大林采用铁腕手段，30年代的“大清洗”使集权制达到了顶峰。在人人自危的氛围中，大家只能唯“上”是从，不敢越雷池半步，发展经济的真知灼见被扼杀，人们的创造力也就被冷冻了。

严密的计划经济体系，虽能保证资金、物资、劳动力及时到位，使重点建设项目如期完成，但随着时间的推移，这种管理模式的弊端愈发突出。企业成了国家的车间，产品、工资、利润成了符号，价值规律失去了效用，经济发展完全由个人的意志来决定。

由于苏联采用计划经济体制，经济结构总是跟着政治需要走，以“重”补“轻”，以“重”补“农”，最终只是南柯一梦。对此，英国经济学家莫舍·卢因曾评论说：“斯大林留给他的接班人的，是一支巨大的工业力量和没有效率的经济。”

第4节　苏联解体

20世纪30年代，苏联只用十几年时间就走完了发达国家半个多世纪的路：完备的工业体系横空出世，经济总量跃居世界第二；强大的军事实力令希特勒铁骑闻风丧胆、灰飞烟灭。高度集中的计划经济体制与高速工业化相伴相生，共同铸就了社会主义的“苏联模式”。

赫鲁晓夫摇摆不定

客观地讲，“苏联模式”在斯大林时期确实立下过不小的功劳。可是到了50年代已僵化停滞，弊病丛生。1953年，赫鲁晓夫就任党的第一书记，对传统经济体制进行了首轮改革。

赫鲁晓夫指出，苏联模式的最大弊端在于过度集权，改革的中心任务是简政放权。只要把中央的权力下放给地方，问题便可迎刃而解。1957年2月，苏共中央全会通过决议，撤销25个中央部，全苏建立105个经济行政区，各区设立经济委员会。除国防工业外，原属中央各部的企业管理权全部移交地方。

孰料改革的结果却有悖初衷。地方大权在握，便一哄而起抢资源，争项目，甚至挪用国家重点建设资金大搞计划外投资。一时间“形象工程”遍地开花，“拳头项目”纷纷上马。赫鲁晓夫原以为治大国若烹小鲜，无为而治便可天下太平。万万没想到，中央权力被架空，有令不行，经济非但未现生机，反倒一片混乱。

情急之下，改革踩了个急刹车。1959年1月，物资分配权重归中央；1962年底，中央在各地建立工业生产党委，党组织独揽经济决策权；1963年3月，成立最高国民经济委员会，对经济重新实行集中领导。如此一来，各地刚热起的身子，被兜头浇了盆冷水，苏联经济像患了疟疾，一个劲地打摆子。

1957—1964年，全国工业只有3年略有增长，其余5年都出现了倒退。赫鲁晓夫的经济体制改革，在条块管理中忽东忽西，左右摇摆，并未冲破计划管理模式。1964年10月，这位改革始作俑者，在一片反对声中被迫下台。

“利别尔曼建议”

与赫鲁晓夫不同，勃列日涅夫的改革要稳健得多。他推行的“新经济体制”，重点抓了两头：改进企业经营管理，完善国家计划指导。勃氏的企业改革思想，来自赫鲁晓夫执政后期的“利别尔曼建议”。

1962年9月，经济学博士利别尔曼发表了《计划、利润、奖金》一文，建议国家和企业的关系应建立在利润分配的基础上，国家对企业下达计划任务，根据完成情况进行奖励。这套前任领导未及实施的办法，在勃列日涅夫执政时期不仅付诸试点，而且被广泛推行。

根据新改革方案，国家在企业设立生产发展基金，推行拨改贷，使企业的运行建立在自有资金和银行贷款基础上。企业完成国家任务，支付银行利息；赚得的利润，国家给予企业提成。

成千上万家企业装进中央的篮子，计划管理非但不能削弱，还得不断加强。于是，中央撤销了各行政区经济委员会，重新恢复了中央各部门。此后各类中长期及短期计划和多种工业指标体系又层出不穷，传统计划管理体制，几乎完善到了无以复加的程度。

新经济体制改革，最初几年收效显著。1975年与1960年相比，全国发电量增长2.5倍，石油产量增加2.3倍，生铁、钢材增幅均超过1倍。但是，这场改革只是对旧体制修修补补。事无巨细的计划体制，使经济完全失去了活力。经济虽然还在发展，但增速越来越慢。1966—1970年，年均增长7%，1971—1975年下降为5.7%，1976—1980年再降到3.7%，到勃列日涅夫逝世的1982年，经济同比增长只有2.6%。

加速发展战略

1985年3月11日，戈尔巴乔夫走马上任。此时苏联经济下滑到第二次世界大战以来的最低点，民用科技落后美国15年，军用技术落后10年，国民收入增长2/3靠追加要素投入取得，集约化经营比重只占31%。

70年代的军备竞赛，使苏联经济结构严重失衡，老百姓的日子过得紧紧巴巴，牢骚不绝于耳。苏联将往何处去？人们既心存希望，也惴惴不安。

戈尔巴乔夫最初魄力非凡，赢得了人心。1986年3月，苏共二十七大确定“加速发展战略”，提出：到20世纪末工业产值和国民收入翻一番；15年内，劳动生产率增长一倍半，保证到2000年每个家庭单独有一套住房。戈尔巴乔夫勾画的前景激动人心，但真刀真枪干起来，却是旧瓶装新酒，换汤不换药。他认为，实现经济复兴，还得要机器制造业来拉动。

1986—1989年，苏联政府对重工业投资仍占75%以上，轻工业与农业投资不升反降，经济结构更加失调。为了实现战略目标，戈尔巴乔夫还捡起了计划经济这个法宝。但他对计划调控另有新解，认为先前计划经济中的错失，是苏共决策失误造成的，改革要取得成功，必须“一切权力重归苏维埃”。

由于决策体系紊乱，政府在要求企业“自筹资金、自负盈亏、自我管理”的同时，价格改革却迟迟未启动，以至于企业改革单兵突进，前功尽弃。而不顾国情，贸然开展“反酗酒”运动，不仅使财政收入锐减，嗜酒如命的俄罗斯人也强烈抵制。

由于政出多门，改革措施前后矛盾，反复无常，经济形势急剧恶化。1990年，国民收入负增长4%，内债激增到5500亿卢布，外债达770亿美元。

戈尔巴乔夫出师不利，方寸大乱，便对改革丧失了信心。在他看来，苏联要融入市场经济大潮必须改旗易帜，另起炉灶。于是他将改革重心由经济转向了政治，可是由于速度过快过猛，苏联这列火车脱离了轨道。1991年12月25日，莫斯科时间19点38分，克里姆林宫上空的国旗徐徐降落，经历近70年风风雨雨后，苏联宣告解体。

第5节　休克疗法

苏联解体后，1992年新成立的俄罗斯联邦从西方学者那里引进“休克疗法”，进行了一场激进的经济改革，希望借此跻身西方发达国家之列。不料事与愿违，经济非但没有起色，反倒付出了惨重代价。

盖达尔投其所好

休克疗法本是医学术语，20世纪80年代中期，被美国经济学家萨克斯引入经济领域。当时玻利维亚爆发了严重经济危机，通胀率高达24000%，经济负增长12%，民不聊生，政局动荡。萨克斯向该国献出锦囊妙计：紧缩货币和财政，放开物价，加快私有化步伐。

这些措施被采用后，短期内造成经济剧烈震荡，仿佛病人进入休克状态，但随着市场供求恢复平衡，经济运行也回归正常。两年后，玻利维亚的通货膨胀率降至15%，GDP增长2.1%，外汇储备增加了20多倍。萨克斯的反危机措施大获成功，休克疗法也名扬世界。

1991年底苏联解体，新成立的俄罗斯联邦拥有1700万平方公里领土、1.5亿人口，并继承了苏联的大部分家底。丰厚的遗产让新总统叶利钦喜出望外，可一大堆半死不活的企业，外加1万亿卢布内债、1200亿美元外债也让他坐卧不安。

作为苏共的反对派，叶利钦认为，50年代以来零打碎敲的改革，白白断送了苏联的前程。痛定思痛，俄罗斯要重振大国雄风，不能再做小脚老太太，应该大刀阔斧，进行深刻变革。

此时，年仅35岁的盖达尔投其所好，在萨克斯的点拨下，炮制了一套激进的经济改革方案，颇得叶利钦赏识，叶利钦破格将其提拔为政府总理。1992年初，一场以“休克疗法”为模板的改革，全面铺开。

政府频频失算

“休克疗法”开场戏是放开物价。俄罗斯政府规定，从1992年1月2日起，放开90%的消费品价格，80%的燃料、生产资料价格。与此同时，取消对收入增长的限制，公职人员工资提高90%，退休人员补助金提高到每月900卢布，家庭补助、失业救济金也随之水涨船高。

物价放开头三个月，效果似乎立竿见影。购物长队不见了，货架上商品琳琅满目，习惯了凭票供应排长队的俄罗斯民众仿佛看到了改革带来的希望。可没过多久，物价像断了线的风筝扶摇直上，到4月份，消费品价格比上年12月上涨6.5倍。

政府原想通过国营商店平抑物价，可黑市商贩与国营商店职工沆瀣一气，将商品转手倒卖牟取暴利，政府的如意算盘落了空，市场乱成一锅粥。由于原材料价格过早放开，企业生产成本骤增，到6月份，工业品批发价格上涨14倍，消费需求持续低迷。而需求不旺，又反过来抑制了供给，企业纷纷压产，市场供求进入了死循环。

放开物价后，通胀如脱缰野马一发而不可收。而政府似乎早有准备，立即使出了第二招：实施财政与货币“双紧”政策。

财政紧缩政策，重点是开源节流：税收优惠统统取消；

所有商品一律缴纳28%的增值税；同时加征进口商品消费税。与增收措施配套，政府削减了公共投资、军费和办公费，将预算外基金纳入联邦预算管理，限制地方政府用银行贷款弥补赤字。

货币紧缩政策，则主要是提高央行贷款利率，建立存款准备金制，实行贷款限额管理，政府是希望通过控制货币供应量，从源头上抑制通货膨胀。

可是这一次政府又失算了。由于税负过重，企业生产进一步萎缩，失业人数激增，政府不得不加大救济补贴和直接投资，财政赤字不降反升。紧缩信贷造成企业流动资金严重短缺，企业间相互拖欠，三角债日益严重。政府被迫放松银根，1992年增发货币1.8万亿卢布，是1991年发行量的20倍。在印钞机的轰鸣声中，财政与货币“双紧”政策流产了。

宣告失败

“休克疗法”的第三招，是大规模推行私有化。盖达尔政府认为，前两招之所以不灵，而且造成了重重危机，主要在于国有企业不是市场主体，竞争机制不起作用，价格改革如同沙中建塔，一遇风吹草动，便轰然倒塌。国有企业改革，最省事的办法莫过于将国有企业私有化。

为加快私有化进程，政府最初的办法是无偿赠送。经有关专家评估，俄罗斯的国有财产总值1.5万亿卢布，而人口刚好也是1.5亿，以前的国有财产属于全民，现在分给个人也应童叟无欺，人人有份。于是每个俄罗斯公民领到了一张1万卢布的证券，可以凭证自由购买企业股票。

可等到私有化正式启动，已是1992年10月，时过境迁，此时1万卢布只够买一双高档皮鞋，无偿私有化成了天方夜谭。政府此计不成又生一计。既然送不成，就低价卖。结果，大批国有企业落入特权阶层和暴发户手中，他们最关心的并非企业长远发展，而是尽快转手盈利，职工既领不到股息又无权参与决策，做一天和尚撞一天钟，企业效益每况愈下。

事实上，俄罗斯政府当初实施“休克疗法”，除了急于建功立业外，还有一个重要原因，是为了博得“友邦”欢心，从西方发达国家得到一些好处。俄政府大力推行贸易自由化，取消进出口商品限额，大幅度降低关税，外汇市场也迅速放开。可是，俄罗斯经济长期畸形发展，工业技术水平低，竞争力弱，根本经不起外国企业的冲击。

持续的对外贸易逆差，导致外汇枯竭，1992年，俄罗斯外债总额达到748亿美元，到期应还外债206亿美元，而偿还能力只有20亿美元。俗话说，贫居闹市无人问，富在深山有远亲。那些原来答应提供援助的西方国家，此刻却袖手旁观，口惠而实不至。240亿美元一揽子贷款，迟迟不到位，60亿美元稳定卢布基金，更是遥遥无期。

俄罗斯把“休克疗法”当作灵丹妙药，本想创造经济奇迹，可是南美小国玻利维亚的治疗方案，到了俄罗斯却药不对症。玻利维亚原来搞的就是市场经济，国有企业少，经济总量也不大，加上有西方大国帮衬，靠市场机制熨平通胀容易成功。

可这些条件俄罗斯一样也不占，却偏要一口吃成胖子，政府来个大撒把，大搞市场自发调节，满以为播下的是龙种，到头来收获的却是跳蚤。1992年12月，盖达尔政府解散，“休克疗法”也随即宣告失败。

第6节　多难兴邦

1992年冬，俄罗斯上空愁云密集，雾霭浓重。经济改革激而不进，“休克疗法”治而不愈，国家气息奄奄，民众困苦不堪。当年国内生产总值下降19%，国民收入减少20%，工业生产下滑18.8%，通胀率高达2505.8%。从1992年到2000年，8年时间有5位总理轮番上场，与通货膨胀殊死搏斗，演绎出一幕幕惊心动魄的人间活剧。

切尔诺梅尔金胸有成竹

第一位收拾盖达尔政府烂摊子的，是切尔诺梅尔金。他在当总理之前，干过钳工、机械员，做过天然气工业部部长、副总理，阅历丰富，崇尚务实，虽没喝过洋墨水，但对俄罗斯国情了然于心，对治理通胀胸有成竹。

上任伊始，他便牢牢抓住石油与原料价格的调控权，关上了“原料—产品”价格相互攀升的闸门。并宣布中止“证券私有化”，对尚未出卖的国有企业，严格资产评估，一手交钱，一手卖厂，杜绝买空卖空，售股所得51%转入企业资金账户。

政府还加大了能源、农业和消费品生产部门的投资，企业有了钱，开足马力生产，市场供给不足初步缓解，物价逐渐回落。财政方面，切尔诺梅尔金实行“软赤字”政策，政府不再向银行透支，改为发行国债和对外贷款，既弥补财政赤字，又不增发钞票，防止了通货膨胀进一步升级。

1995年，国内经济回暖，外贸形势看好，政府又推出“外汇走廊”政策，将卢布与美元的比价限制在一定范围内，卢布汇率趋于稳定。同时，货币政策由紧调松，增加货币供应量，大量资金源源不断注入企业，经济增势更加强劲。

切氏的治国之道徐徐推进，有条不紊，通胀这匹烈马在他手下渐渐被驯服。经过6年努力，俄罗斯的通胀率降到了11%。经济由阴转晴，总理威望日升，可功高震主。正当他踌躇满志准备1998年再打个漂亮仗时，总统一纸罢令，切尔诺梅尔金解甲归田，含恨下野。

基里延科下台

1998年4月24日，名不见经传的基里延科走马上任，取代了切尔诺梅尔金的总理职位。他当时年仅35岁，刚做了不到4个月的燃料动力部部长，威不服众，政令难行。此时亚洲金融危机已波及俄罗斯，基里延科猝不及防，一下子乱了章法。

俄罗斯出现金融震荡，上一届政府也有责任。为了治住通胀，切尔诺梅尔金执行“软赤字”政策，在国内国外欠了不少债务。这些钱多是短期高利贷，除了一部分投向生产领域，多数用来补了财政亏空。

面对偿债压力，基里延科敛财乏术，只能增加企业税负，对交不起税的大企业强制破产，这种做法其实是杀鸡取卵，结果适得其反，税收同比下降50%，财政告急，只能让银行增发钞票，通货膨胀的导火索又被点燃了。

自实行“休克疗法”后，俄罗斯推行金融自由化，大量外资涌入国债、股票、外汇市场，外资最多时曾达到市场总量的30%。这些外国投资者可是精明得很，一遇风吹草动就马上撤资走人，当然人家带着美元来，也不愿拿着卢布走，外汇需求猛增，“外汇走廊”政策一触即溃。

在金融危机面前，本该发挥作用的中央银行，此时也不听新总理的招呼，不仅不买进国债，稳定利率，反倒推波助澜，把手里的债券抛售空，金融震荡很快发展成金融大地震，国债市场被迫关闭，股市行将崩溃，银行总资产减少一半以上，整个系统进入瘫痪状态，通货膨胀率上升到290%。基里延科仓促上阵，只干了122天就被赶下了台。

普里马科夫大破大立

国难思良将。1998年9月11日，国家杜马作出决定，擢拔年近70岁的外长普里马科夫为政府总理，这一突然任命，既给即将退休的普里马科夫的仕途抹上了亮色，也为俄罗斯经济带来了转机。

普里马科夫宝刀未老，出手不凡，一上任便抓银行重建。由政府牵头，对银行债务进行重组，从1998年11月起，禁止无支付能力的银行继续经营，对重生有望的银行提供贷款，在政府监管下恢复业务。次年1月，成立“信贷机构重组代理公司”，专司银行整顿，执行破产程序，建立债务市场。

经过一场大换血，以国家控股银行为核心，以业绩优良的银行为基础，以地方支柱银行为分支的银行体系终于建立起来。普里马科夫施展高超的外交才能，与国际货币基金组织几番斡旋，争取到48亿美元贷款，1999年外债偿还终于有了着落。对2500亿卢布内债化整为零，10%兑给现金，20%转为投资债券，剩下的70%转为中长期国债。

同时，摒弃前政府的税收政策，降低企业税负，拓展税源，对烟酒生产销售实行国家垄断经营，向暴富的高收入者开刀，把个人财产税提高了20倍。对出口创汇实行管制，所有进出口企业，其外汇结算都要到政府授权银行办理，企业创汇收入的75%要兑换给央行，进口商品必须经海关登记方可付款。

政府还集结资金，打击汇市投机，为确保卢布长期稳定，政府抓住国际金价下跌的时机大量购入黄金。金融危机平息后，普里马科夫又决定，重新登记联邦资产，审查国有独资和控股企业在承租、分红以及纳税等方面的情况。

成立开发银行，扶持传统优势部门，发展高技术产业；出台优惠政策吸引民间资本与外商投资办厂，对投资超过750万卢布的生产企业，免税3年；建立保险市场，引导居民储蓄流向生产领域。

普里马科夫的经济政策大破大立，不仅遏制了金融危机，而且为俄罗斯经济的健康发展铺平了道路。但凡经济政策，从出台到显效都会有一个时间差，可没等到苹果成熟，普里马科夫又被总统换掉了。

普京崭露头角

1999年5月上任的总理是斯捷帕申，也是识时务的俊杰，他对普里马科夫的施政纲领只作了个别修改，有些方面还进一步强化，经济仍旧保持平衡态势。叶利钦总统仍觉得斯捷帕申不是满意人选，结果只让他干了82天，便挑选普京担任新总理。

普京任总理后，实行积极财政政策，辅之以稳健货币政策，把战胜贫困、增加居民实际收入作为主攻方向，小心谨慎，稳扎稳打。1999年，国内生产总值增长3.2%，固定资产投资实现了经济转轨8年来首次增长，对外贸易实现顺差401亿美元，预算盈余占GDP的2%，通胀率下降到36.5%，卢布贬值趋缓，股票指数上涨了近70点，居民实际收入增长了10.4%。

经济形势稳定，加上车臣平叛连连大捷，普京这位政坛黑马站在前几位总理的肩膀上，继续攀登俄罗斯权力高峰。1999年最后一天，俄罗斯政坛爆出头号新闻：叶利钦宣布提前卸任，任命政府总理普京为代总统。次年3月26日，普京在大选中击败对手，稳坐总统宝座。

第7节　经济全面复苏

世纪更迭，千年交替，昔日的克格勃中校普京执俄罗斯牛耳，强化中央权力，调整发展方向，多管齐下重振国力。

俄罗斯经济峰回路转，逐步走向复苏。

强化中央权力

经过8年多体制转轨，俄罗斯不但没有国富民强，反倒积贫积弱，每况愈下。20世纪90年代GDP减少了一半，只有美国的1/10、中国的1/5，人均GDP不足西方七国平均数的20%。

经济改革山重水复，联邦安全危机四伏。各共和国与中央同床异梦，貌合神离，车臣甚至想独立门户。普京接手的俄罗斯，早已今非昔比。1999年岁末，普京在互联网发表《千年之交的俄罗斯》一文，坦言俄罗斯民族的忍耐力、生存能力和建设能力都已处于枯竭的边缘，面临沦为世界二流抑或三流国家的危险。

普京认为，国家若要由乱转治，由弱变强，当务之急是重整政治秩序，强化中央权力。为此俄罗斯联邦颁布法令，在中央与各共和国之间设立7个联邦区，总统向各区派驻全权代表，实行垂直领导；中央有权废除违反联邦宪法的地方法规，总统有权解除地方官员的职务。

改革议会体制，强干弱枝，地方行政长官不再担任联邦委员会议员。经过整顿，叶利钦时代中央权力弱化、地方各自为政的问题初步得以解决，激进改革失败带来的联邦分裂势头，也被有效遏制住了。

稳定政局，目的在集中精力发展经济。普京上任后，对国家发展方向重新作了定位：俄罗斯绝不走计划经济的回头路，也不再脱离国情，搞自由市场经济。未来经济模式，是“有秩序的市场经济”。在社会经济生活中，政府既不能延续苏联的做法，大包大揽，越俎代庖，又不能像激进改革时那样，对经济放任自流。今后，政府的主要职能，是保护所有权，保证经营自由，促进平等竞争，建立统一的经济空间，实施务实的社会政策。

制定长远规划

普京认为，先前改革之所以接连失败，一个重要原因是缺少长远规划，几届政府各吹各的调，经济政策朝定夕改，改革首尾不一，屡出偏差。于是普京责成政府确定了社会经济发展长远目标，今后10年，国内生产总值年均增长5%—6%，个别年份增长8%—10%，到2010年前后，经济恢复要到1990年的水平。然后，再用15年左右时间达到目前葡萄牙、西班牙的人均GNP水平，跻身高收入国家的行列。

为了实现这一目标，新一届政府确定了五大主攻方向：调整经济结构，增加投资，拓展外贸空间，缩小两极分化，打击非法经济活动。

经济结构严重畸形，是苏联时期酿出的一杯苦酒。而此后的改革不仅没有使经济结构优化，反而使原来的优势丧失殆尽。传统产业新设备仅占2.5%，工业生产率仅为发达国家的10%—25%。IT产业更是远远落伍，仅从当时计算机居民占有量看，美国每千人占有318台，而俄罗斯只有11台，与其相差约28倍。

为了缩小与发达国家的差距，政府推行积极的工业政策，集中财力物力优先发展高新技术产业与深加工企业，同时，对石油、天然气、军火等传统优势产业实行倾斜政策，加大了扶持力度。

尖端科技实力雄厚是俄罗斯的强项。但长期以来产学研脱节，科技未能转化为生产力。为此，政府着手建立国家科研基地，吸收私人资本入股投资，并出台相关政策保护知识产权，保证科研成果商业化。

中小企业是高科技产业的主要载体，能够增加税收，创造大量的就业机会。政府采取断然措施，简化中小企业注册手续，缩小许可证范围，取消银行贷款限制，为中小企业发展铺平了道路。

改善投资环境

普京最初上任时，俄罗斯投资规模只有1990年的20%，仅相当于美国的4%、日本的7%。投资环境恶化，使外国公司望而却步，也使国内资金大量外流。

为了改善投资环境，政府调整财政和货币政策，加大了招商引资的力度。先后修改、制定了《税法典》《俄罗斯银行法》《外国投资法》《增值税法》等相关法律，合并税种，降低税负，利润税从35%降到30%，增值税率由20%降到15%。

同时，对银行业进行整顿：降低利率，维持汇率稳定；发展证券市场，疏通融资渠道；简化海关手续，放宽外汇出入境数额限制；向外国投资者放开能源与黄金开发项目，允许外国资本与国内的民间资本投资办保险公司，就连军工企业也向国内私人投资者开了绿灯。

俄罗斯经济外贸依存度高，为走活外贸这着棋，普京改变过去向西方一边倒的做法，频频出访，广交朋友，中国、朝鲜、古巴、利比亚、越南，甚至连美国的死敌伊拉克都留下了他的足迹。

普京也特别重视同欧盟国家的经贸合作，拓宽了燃料、原料、军火工业的国外市场。建立了联邦出口扶持机构，为企业出口提供担保，以增强外贸企业竞争力。同时降低关税门槛，加快国内市场对外开放进程。

不断缩小收入两极分化。普京执政前，20%的俄罗斯新贵收入提高了几十倍，而80%的居民收入降至原来的1/3。普京执政后，制定新的收入政策，对高收入者征收高档消费品税，提高最低工资水平。政府在制定预算时，首先保证退休人员和失业者的补助金，社会保障体制改革也随之全面展开。

针对体制转轨过程中出现的不法经济活动，政府对地下经济、金融寡头违法行为以及腐败官员予以重拳打击，2000年6月13日，“媒体大王”弗拉基米尔·古辛斯基因涉嫌侵吞巨额国家资产被拘留，一批原国有企业“蛀虫”也锒铛入狱。

历经磨难的俄罗斯，经济正在全面走向复苏：2023年，城乡居民人均月收入约为7.2万卢布，按年平均汇率换算，约合800美元。国内生产总值为158.45万亿卢布，按年平均汇率折算，约合1.83万亿美元，全球经济总量排名位居第9位。

日本经济神话

1853年7月8日，四艘美国军舰闯入江户湾，欧洲列强随即蜂拥而至。15年后，天皇睦仁改元“明治”，带领国民变法图强，史称“明治维新”。

19世纪80年代，日本民间掀起产业革命高潮。民营企业从纺织业开始，迅速扩大到其他产业部门，日本成为亚洲第一工业强国。

二战后日本推行照搬西方的科技发展战略，仅用20年就赶上了发达国家，但到70年代中期这条路却走到了尽头。

为应对人口老龄化，日本用《国民年金法》《老人福利法》《老人保健法》这三大支柱，撑起了老人社会福利保障体系。

20世纪90年代初，政府刺激内需造成了股市与房地产市场泡沫，后来泡沫破裂，步入了“失去的30年”。

第八章
日本经济神话

1868年明治天皇颁布“王政复古”诏书，拉开了明治维新的序幕，日本开始从封建经济向资本主义经济转型。到19世纪末，成为亚洲第一个工业化国家。二战结束时，经济几近瘫痪，工业停滞、粮食短缺、通胀肆虐。然而在短短20年间便实现经济腾飞，创造了日本经济神话。

第1节　明治维新

1853年7月8日，四艘美国军舰闯进江户湾，从此打开了日本国门，欧洲列强随即蜂拥而至，大和民族面临亡国灭种的危险。日本民众认为，国运衰落是因幕府将军弄权乱政，攘外必先“倒幕”。15年后，重掌实权的天皇睦仁改元“明治”，带领国民变法图强，史称“明治维新”。

照搬欧美

日本怎样才能将自己变为一个工业化国家？新政府没有底，为了摸清西方国家的底细，除了必要的留守人员外，其他政府要员倾巢而出，耗资巨大，历时22个月遍访欧美12国。

西方的工业化让日本政要眼红心热、寝食难安。不过他们也明白，欧美工业化用了100多年才完成，而人家当年既无内忧，又无外患。如果日本一切从头开始，没等到工业化就可能被人家殖民化了。自己先天不足，又等不起，倒不如把欧美现成的先进做法照搬过来。

官员们一回国，就立即着手干了起来。由大藏省牵头组织筹措资金；工部省主管军工、铁路、矿山、机械制造；内务省和开拓省则负责抓纺织、农场、牧场，一大批官办“模范工厂”很快便建成了。

办企业需要大量资金，政府找到了三条门路：增印钞票、发行公债、对外掠夺。从1869年到1880年，银行增发纸币1.64亿日元；发公债募集资金1250万日元；1874年日本侵略中国台湾，勒索白银50万两；1876年以后的十几年中又掠夺朝鲜大米，套购了约835万日元的黄金。

资金问题解决了，技术设备也得全面引进：关口制造所购买了英国机器；釜石铁矿购买了德国设备；长崎制铁购买了法国机器。不管哪个国家的机器，只要是最先进的，日本就千方百计买回来。

人才是办企业的关键，政府在这方面投入最大。洋设备买来了不会安装使用，需请洋人指导。1874年，工部省一次就拨款76万日元，聘请了近500名外国专家。当时国内部长级官员的月薪才500日元，而外籍专家平均拿到800日元以上，最高的每月2500日元。

在请进洋人的同时，也将年轻人送出国深造。从1870年开始，3年内选派了722名留学生；1880年以后，这些留学生陆续归国；差不多又过了9年，那些高薪请来的外国专家就全被回国的留学生取代了。

日本政府意识到，派年轻人出国深造不是长远办法，关键是要办好国内教育。于是天皇签发了“文明开化”谕旨，政府随即颁布“学制令”。

1871年设立文部省，掌管教育改革，推行强制性初级义务教育，3年内就建立了普通、师范、实业学校分类教育体系。短短几年工夫，人们发现不论繁华城市还是偏僻乡村，最好的建筑竟全是学校。

官营走不通

日本政府当初办企业的目的，是“示以实利，以诱人民”。可这些官办企业很不争气：有的刚开工就下了马；有的入不敷出，惨淡经营；更多的是赔本赚吆喝，成了吃财政补贴的无底洞。

这是怎么回事？政府经过反复研究找到了原因，问题出在“官办”上。内阁考察各部门政绩，主要看进了几套设备，聘了多少洋教头，办了多少家工厂。至于效益，一时也看不出来，不好量化考核。

各部门选派自己的“骨干”去管企业，这些人在原单位是把好手，可管企业却是外行指导内行。再加上他们的工资由“上头”拨，哪怕是企业开不了工资，管理者也毫发无损。加上企业隶属关系不明晰，一家企业几个婆婆，管理混乱，效率低下。

官办企业最初的几年，由于有财政帮衬尚能勉力维持。可时间一长，财政就吃不消了。其实，日本政府也有难处：为了“倒幕尊王”，把德川幕府庆喜将军赶下台花了大量军饷；为了消除新政权隐患，让武士“转业”用了大量安置费；明治十年在西南平叛，也耗费了不少银子；再加上投资办工厂，政府欠了一身债。

政府债台高筑，也想过打农民的主意：先搞土地私有，刺激生产，再搞地税改革，“以农养工”，可又担心农民会群起闹事。要是再增发钞票，更行不通。物价飞涨，人心不稳，说不定哪天老百姓就把官员赶下台。“官办”的路实在走不下去，政府只得改弦更张，实行“民营”。

颁布《处理官营企业条例》

1880年，日本政府颁布了《处理官营企业条例》，除了兵工厂与造币厂等关键行业，其他“模范工厂”全都卖给了私人，而且售卖方案出奇优惠：不仅价格很低，而且买主还可以分期付款。

原来的“模范工厂”虽已改为民营，但这些企业仍可享受“官助”。《处理官营企业条例》颁布后，政府又多次开出了优惠清单：巨额补贴、出口奖励、进口优先、提供贷款、减免企业税、鼓励竞争、消除地区封锁。爱屋及乌，其他民营企业也都跟着享受到了政府的关怀。

三菱会社发迹，是企业官转民的缩影。日本被迫“开港”之后，英、美航运公司纷纷进军日本。为了振兴本国航运业，日本政府办了一家官办的“邮便蒸汽船会社”，由于效率低、运费贵，经营每况愈下。1874年日本攻打中国台湾，本指望让它出力，可这家官办会社竟然甩手不干。

正在政府头疼的当口，民营企业三菱会社自告奋勇，后来仗打胜了，政府也弄明白了，原来民营企业也能担当重任。于是大藏省所属的船只，连同“官办”邮便蒸汽船会社的全部家当全都无偿划给了三菱。

明治政府还先后三次颁发“命令书”，明确了政府与三菱会社双方的责、权、利。在政府的扶持下，三菱打败了英、美航运公司，成为日本海运业的霸主。

日本企业从“官办”到“民营”，一着棋对，满盘皆活。19世纪80年代中期，日本民间掀起了产业革命高潮。民营企业从纺织业开始，迅速扩大到其他产业部门。原本受制于人的岛国，几十年间便成了亚洲第一工业强国。

日本政府用民营企业交的税大办军事工业，于1894年和1904年，先后打败大清帝国和沙皇俄国，日本虽地处亚洲，却“脱亚入欧”挤进了西方强国之林。

第2节　超欧赶美

第二次世界大战后的日本，哀鸿遍野，满目疮痍。近一半国民财富毁于战火，工业产值不到战前1/5，1300多万人失去了工作。20多年后，曾经一败涂地的亚洲岛国又重新崛起，并一度成为世界第二大经济体，2010年被中国超越，现退居第4位。

赶超战略

1955—1973年，日本经济连续18年高速增长，国民生产总值先后超过英、法、德、苏，成为全球第二大经济体。作为一个后起国家，日本经济走的是“赶超型”的路子。所谓赶超，既要速度快，又须走捷径。这样单靠市场机制不行，要把各方力量聚集起来。日本政府审时度势，导演了一出赶超西方强国的好戏。

日本二战战败后，老百姓衣食无着。为解燃眉之急，企业纷纷转产消费品。日本当局认为，这种头痛医头的办法解决不了根本问题，生产消费品需要原料，战争期间可去国外抢，现在军队没了，大家都做产成品而原料供应不上，长此以往将难以为继。

1946年12月，吉田政府制订“倾斜生产计划”，大力扶持煤炭和钢铁生产。以这两个行业为杠杆，推动电力、化肥、运输业发展，带动整个经济良性循环。计划推行仅3年，工矿业生产恢复到战前的81.6%，机械制造超过了战前水平。倾斜生产方式解决了生产中的“瓶颈”问题，为日后的长远发展打下了基础。

50年代初，日本赢得了一次难得的发展机遇。朝鲜战场上，中朝联手抗击美军，日本大肆为美军生产军需品，坐收渔利，经济总量迅速超过战前水平。

日本政府以此为契机，开始考虑怎样抓住时机实现经济腾飞。照美国人建议，日本应重点发展劳动密集型产业，投资少，见效快，基础也不错，美、日经济还可“互补”。可日本政府不愿给人做零活，短期可以，干久了就得仰人鼻息，成为美国的“店小二”。

1955年，日本政府通过《经济自立五年计划》，收拢五指，集中精力发展重化工业。到60年代末，日本轻工业比重从55.8%下降到37.8%，重工业从44.2%上升到62.2%，重化工业产品出口占出口总额的73%。

进入70年代，日本又把能耗大、污染环境的重化工业转移到海外，在本土大搞知识密集型产业。80年代中期，日本人均国民生产总值就超过了美国，连续多年居世界榜首。

产业政策发力

日本能赶超西方强国，一个重要原因是实施产业政策。产业政策不仅管得宽，而且管得细。对不同生产部门，政府会开出不同的“处方”。比如对成长型企业，则给予扶植和保护，其中汽车业是一个成功的例子。

1952年，通产省发表“轿车技术合作方针”，对有利于国产化的进口物品实行优惠税制；1954年通过“外汇配额制”，限制欧美汽车进口；60年代初，确立了汽车国产化生产体制，采取资金倾斜、价格补贴、加速折旧等办法，鼓励发展精巧型、低油耗、低价位的车型。政府有关部门不仅为汽车行业确定生产标准，还力促国内汽车业合并，实现规模化生产。

制造出了汽车，还必须有公路才能跑起来。1954—1982年，日本政府先后实施了6个公路建设五年计划，公路投资占计划事业费用的比重，1973—1977年为86.4%，1978—1982年则达到了98.9%，四通八达的公路网，为汽车业发展提供了空间。

稳住了国内市场，还得设法打开国际市场。70年代两次石油危机，显示出轻小型汽车发展战略的威力，欧美厂商面对日本汽车的倾销，只有招架之功，全无还手之力。1955—1974年，日本汽车产量增长103倍；1967年，日本成为世界汽车第二生产大国；70年代后，汽车出口量长期无人匹敌。

对衰退型产业，日本政府实行了调整与援助并重的产业政策。九州煤矿关闭事件是典型的例子。九州曾为日本的煤炭主产区，到60年代已风光不再。政府决定对区内企业关停并转。决定一公布，10多万煤矿工人围堵政府大门。可没多久事件就圆满地解决了。

原来，政府将旧矿区规划成76个新工业区，政府制定土地、税收、贷款优惠政策，鼓励外地厂商入区办厂，下岗职工领到了补助金，接受免费培训，政府负责推荐新工作。十多年后，九州已是著名的高新技术产业区。

日本的纺织业也一度由盛而衰，政府于是压锭升级，花了3800亿日元淘汰过剩设备。企业鸟枪换炮，赶上了世界纺织业的潮流。

日本经济模式

很多西方学者评价说，欧美奉行自由竞争，政府从不过问企业生产，可日本政府却像“管家婆”，对企业的事管得太多。日本经济模式非驴非马，只能算半拉子市场经济。可日本政府认为，要赶超欧美，速度快最重要，跑姿是否雅观倒无所谓。

日本确实与西方国家不同，政府和企业有共同的目标：希望国家尽快强起来。政府愿意为企业操心，企业也乐得听政府指挥。为了解决企业资金困难，政府推行“超额放款”制度，以央行作后盾，鼓励商业银行把存款全部转为企业贷款。

为了避免外资控制日本企业，日本长期封闭资本市场，而在国内实行“小额储蓄免税制度”，动员全社会节衣缩食拼经济；为了不让国货受洋货冲击，硬是顶住国际社会的指责，迟迟不履行关贸总协定成员国的义务。

为了使国内产品打进海外市场，政府数次修改美国专家帮忙制定的反垄断法，鼓励日本同行组成卡特尔，枪口一致对外，甚至首相出访，也为企业做推销广告，即使被外媒谑称为“半导体首相”也心安理得。

同样是为了超欧赶美，企业界对政府五花八门的规划一呼百应；半官半民的“业界团体”也能够既听政府招呼，同时又替企业说话，弥合政企矛盾。

从50年代经济复苏时起，政府就着手建立并完善相关法规。到70年代中期，日本已建立完善的经济法规体系。这足以说明，日本产业政策并非政府心血来潮，更不是行政官员意气用事。

第3节　科技战略

日本在战后很长一段时间里，不仅保持了高经济增长率，而且人均增长幅度一度达到美国的9倍。世人在艳羡之余，不禁想弄明白：日本究竟是靠什么神奇的力量推动了经济持续高增长？

高增长的秘密

早在50年代后期，美国人就开始对这个问题进行研究。

当时，日本经济崭露头角，年增长率达到22.8%，而美国经济增速却年年放缓，这引起了美国人的极大不安。

治病先查病根，要促进经济增长，首先得搞清楚经济增长背后的原因。

1962年，美国经济学家丹尼森通过对1929—1948年美国经济的深入研究，得出了一个惊人的结论：在这19年的美国经济增长中，资本和劳动增长的贡献率只有48%，其余52%分别来自规模经济与知识进展。其中科技的贡献率，最高时竟然达到了39%！

美国的政府官员现在终于明白了：原来，远隔重洋的日本，经济之所以蒸蒸日上，秘密正是将科技转化成生产力。

引进、消化、改进

日本国土狭小，人口稠密，资源相对不足，第二次世界大战又留下一个烂摊子，如果关起门来搞建设，别说强国富民，短期内想恢复元气都很难。日本政府在困境之中找到了一条生路——贸易立国：进口原料，出口产品，靠赚取两者之间的差价，求生存、谋发展。

可是要把产品打出去并不容易，周边国家对日本恨之入骨，巴不得它永世不得翻身，自然要抵制日货。西方国家的市场又是美国货横行天下。而且旷日持久的战争，中断了日本的对外技术交流，日本国内民用生产技术落后，设备陈旧，很难拿出像样的产品。在当时的情况下，要实现贸易立国最明智的办法，是将国外先进的技术引进来，边学边干，借脑生财。

70年代中期以前，日本在科技发展方面，一直推行引进、消化、改进的收获型战略。此战略有两个特点：

一是“小科学”“大技术”。基础理论研究、尖端技术开发日本人无心为之，原因很简单，周期长、见效慢、投入多、风险大，不如让给西方人去搞。但对实用技术，特别是能够推动产业升级的关键技术，日本人却不放过。

1950—1972年间，日本引进技术的费用是36亿美元，仅相当于同期美国科研经费的1%，但它的实际价值是引进费的55倍。到60年代末，日本与欧美的技术差距已基本消除，而在钢铁、汽车、家电、机器人等产业，日本技术却居世界领先地位。

收获型战略的另一特点，是注重技术的商业价值，在离产品最近的地方下功夫。半导体技术本是美国人的发明，美国用它造飞船、造导弹，日本人却把它制成电子表，进军瑞士手表市场，做成傻瓜相机，挤占德国相机市场。

美国的太阳能刚刚走出实验室，日本人便生产出太阳能计算机，并很快风靡全世界。日本企业界戏称：这些技术是“美国开花，日本结果”，得来全不费工夫。

日本人信奉“综合就是创新”，对国外技术不是照搬照抄，简单模仿，而是博采众长，结合日本实际加以改造，形成自己的特色。

本田公司是日本的著名企业，靠生产摩托车起家。1952年公司组成考察组，走遍主要发达国家，花了几百万美元，搞到几十种最新发动机样机，回国后经过数百次试验，造出了世界最好的发动机。3年后，本田摩托就占领了国际市场。

松下公司的创始人松下幸之助，引进了300多项新技术，他开发的电视机，每个零件技术都是人家的，甚至连线路图也是买来的。尽管每卖出一台电视要交付1000多日元专利费，但带来的收益却是专利费的上百倍。

播种型战略

收获型科技发展战略，使日本仅用了20年时间，就赶上了世界发达国家的技术水平。但到了20世纪70年代中期，这条路却走到了尽头。日本人发现，自己已同欧美国家站在同一起跑线上，技术引进的空间越来越小。长期重引进、轻研究，使日本没有自己独立完整的科研体系，科技发展的后劲明显不足。

强烈的危机感，促使政府调整思路，决定另辟蹊径，走播种型科技发展道路，并于1980年正式提出了科技立国的新战略。

科技立国战略的目标，是建立完善的科研体制，形成自主开发尖端技术的能力。自80年代开始，日本的科研与教育投资占GDP的比重连续多年超过美国。

日本政府专门设置科学技术厅，组建国家基础研究中心，建立产、学、研官民一体化的科研体制，鼓励企业设立研究机构自主开发新产品。通产省还出台优惠政策，对公司推出的创新产品，可以享受研究费25%的减税待遇。

这些新的科技政策，为日本经济注入了新的活力。到80年代末，日本的技术出口比10年前增加了9.6倍，其中尖端技术产品的比重达到32.1%，超过欧美所有发达国家。尽管日本经济规模只及美国的一半，但出口的高技术产品已超过美国，并在世界贸易总额中占17%的份额。90年代初，日本每年获专利34万件，占全世界的1/4，成了名副其实的专利大国。

20世纪最后10年，当日本人为自己的成就沾沾自喜时，蓄势多年的美国却一飞冲天，在全球掀起了IT产业浪潮。在这场新技术革命中，日本节节败退，加上国内泡沫经济崩溃，大有兵败如山倒之势。

技术创新的发动机是不是该“大修”了？日本人发出了这样的疑问。通过反思，他们认为科技立国战略并没错，问题出在体制上。比如科技创新需要宽松的环境，而政府对科技投入管得太死，令民办机构科技创新始终热不起来。

另一方面，政府把居民资金引向储蓄，使风险大、收益高的高科技产业难以寻到资金支持，企业家的创业意识也日渐泯灭。国内许多有识之士承认：日本要想在激烈的国际竞争中立于不败之地，急需对科技创新体制进行改革。

第4节　迈向现代农业

农业是人类最古老的产业，今天仍然备受各国政府关注。日本战后经济腾飞而成为发达工业国家后，汽车、电器行销全球市场，可以用换回的外汇进口粮食，可政府仍将农业放在重要位置，推动传统农业向现代农业转型。

组建农协

日本政府组建农协，其实也是出于无奈。第二次世界大战后，日本百业凋敝、民不聊生。作为战败国饱尝了失道寡助的滋味，内外交困，苦不堪言。当时，就连首都东京库存粮食也仅够支撑一个半月，居民的粮食定量每人一天只有一小碗米。民以食为天，解决吃饭问题成了政府责无旁贷的头等大事。

要增加粮食产量，首先得调动农民的积极性。为此，日本政府开展了农地改革，规定私人占有土地不得超过1公顷，对地主手里多出的土地，国家强行收买，再出让给无地农民。这样一来，81%的贫雇农成了自耕农。农民分田分地，喜出望外，可突然碰上这种天上掉馅饼的事，反觉得睡觉不踏实了。

为了让农民吃上定心丸，日本政府于1947年出台了《农业协同组合法》，自上到下，层层建立农协组织为农民撑腰壮胆。土地分下去，粮食便多起来，可粮多了收不上来也不行，农协又成了政府的催收员，一头动员农民交粮食，一头看住粮贩不准私收乱卖，这样一干就是20多年。

到60年代末，日本粮食连年丰收，政府已无力收购，随着经济持续走高，日元不断升值，买粮反比种粮更划算。农业逐渐门庭冷落。日本政府审时度势，于1970年制定了《综合农政的基本方针》，促进土地流转，推广专业化经营。农协的角色开始发生转换，一头连起农民，一头接起市场，由原来的“二政府”变成了农民的“大管家”。

日本的农协组织，自上而下分为三个层次，处于最基层的是市町村农协，习惯上叫“单位农协”。都道府县建立的是地方农协，称作“县联”。农协的全国性组织，则按照业务不同，各自独立门户。

平时与农民打交道最多、最直接的是“单位农协”。在日本农村，其触角无处不在，无论是插秧割稻卖粮，还是农民生老病死，“单位农协”一揽子全包。零碎事虽多，但从大的方面说，农协的业务大体有四项：生产指导、组织流通、信用服务和开展互助共济。

专业化集约经营

日本耕地少，土地瘠薄细碎，大农场经营方式推不开，靠一家一户单兵作战，农业生产没有多少优势可言。随着国内农产品市场对外放开，农业的外部压力越来越大。怎样才能提高农业效益，增加农民收入？日本政府提出思路：实行专业化集约经营。

思路虽好，可落实起来却很难。要推广农业专业化经营，就必须把一家一户农民组织起来。对此政府却有心无力，做不好也做不了。而与农民打交道正是农协的老本行。基于此，政府把大量的涉农业务委托给了农协。

农协也不负厚望，一出手就不同凡响。围绕着专业化，农协开展了全方位的生产指导。大到农业发展总体规划，小到农户选种育苗、打药追肥，农协都一手操办。农协设有“营农指导机构”，聘用营农指导员走村串户，提供信息，帮助农民制订增收计划，推广新品种、新技术，帮助解决生产中遇到的各种困难。

在日本，许多农业基础设施，如育苗基地、孵化厂、冷藏库、饲料厂都是农协出面张罗，并以保本价为农民提供服务。有的新产品、新技术农民一时接受不了，农协甚至让农民免费试用。

随着日本农村青壮劳力不断涌向城市，在地里干活的除了老人便是妇女，重体力活吃不消。于是农协又伸出援手，把这些活接了过来。这一交一接，无形中便实现了集约经营，优良品种、先进的耕作方式、新型农机具，便通过农协间接传到了农民手里。

对接大市场

农民要增收，重要的是在产销两头做文章。为了帮助农民降低生产成本，国家、地方、基层三级农协联手，开展生产资料订购业务。基层农协将农民的订单层层上报，由农协的全国性组织筛选厂家，以低价格批量订货，农户从农协手中买到的种子化肥，通常要比市价低很多。

农民购买生产资料不仅要价廉，而且要物美。全国农协1972年专门建立了农技中心，除了培训农技人员外，一项重要任务就是对“农资品”进行质量检验，确保经过农协的手交给农户的商品都是优质品。

农产品销售难，农协知难而进，当起了几百万农民的集团军司令。基层农协建立了农产品集贸所，负责当地农产品集中、挑选、包装、冷藏，然后组织上市。每天清晨，当城里人还在熟睡时，各地特色农产品就已由农协组织运到了货场。

农产品销售，通常采取竞买方式，只有那些出价高、信誉好的批发商才能拿到出货单。日本农协系统共有集货所几千个，此外，还有不少全国运输联合会下设庞大的运输组织，这样保证了农产品的保鲜度，维护了消费者的利益。

如果算经济账，农协在生产指导和流通业务方面确实贴了不少钱，但正因如此，日本农业才告别传统的经营方式。“轻劳作、反季节、优品种、高收入”已经成了现代日本农业的典型特征。

人们不愿种田，其中一个重要原因是产前投入大，生产周期长，同时风险也大。买种子，购肥料，添机具，请帮工，还没见到粮食的影子，钱先花出去一大把。欧美大农场主家底厚实，在银行信用又好，借钱不成问题。但在以农户为主的日本，农业生产资金解决不好则是大麻烦。

为农民提供信用服务，便也成了农协的业务。日本农协的信用机构，存款利率通常略高于私人银行，而贷款利率又尽可能提供优惠。由于客户多，存贷款数量大，加上农信机构实行多角化经营，业务红红火火。不仅给农民解了难，也为各级农协增加了收入。

厚生共济，也是政府交给农协的重要任务。在这方面，农协的服务范围可以说是从摇篮到坟墓，既提供生活指导，也操持农户的婚丧嫁娶。同时，采取向农民收一块、农协补一块的办法开展扶贫济困。

第5节　应对老龄化挑战

到20世纪80年代，日本成为世界第一长寿国，不论男女，平均寿命皆最高，百岁寿星也堪称全球之最。日本人为何长寿？科学家各有解释，但最重要的一点，是得益于日本独特的老年福利制度。

三大支柱

养儿防老一直是日本的传统。可到了20世纪中叶，情况却悄悄发生了变化。200年前的幕府时代，日本人平均寿命只有20岁；到1963年，60岁以上老人在日本达900万。按照国际标准，总人口中65岁以上的人超过7%，便属于“老龄化社会”。

1970年，日本成为亚洲第一个老龄化国家。15年后，老龄人口比例又升到10.3%。每4个劳力就得供养一位老人。麻烦还不单在此。西风东渐，改变了年轻一代的生活方式，晚婚的人越来越多，愿意和老人住在一起的越来越少。养老成了普遍的社会问题。

从50年代末起，政府便着手解决社会养老问题。过去养老靠“孝道”，伦理色彩很浓。政府牵头养老再用这套办法显然行不通，因此，日本的老年社会保障一开始就走了法制化的路子。《国民年金法》《老人福利法》《老人保健法》这三大支柱，撑起了老人社会福利保障体系。

《国民年金法》1959年颁布。在此之前，实行的是行业年金保险制度。政府把从业人员分成七大块，根据行业特点，确定不同的保险金额。这种办法看似简单省力，却造成行业间苦乐不均，社会覆盖面也太窄，农民和个体户成了没人管的“二等公民”。

《国民年金法》出台后，20岁至60岁的日本国民都被强制参加国民年金体系。政府拿出111亿日元启动资金后，再由国库承担总费用的1/3，剩下的则由企业与个人自己负担。根据该法，个人缴纳年金满25年，且年满65岁，便可定期领取养老年金。

为防止养老金缩水，年金缴纳随通胀浮动。对缴纳年金较短的高龄者，设置老龄基础年金，政府发放特殊养老津贴。生活贫困的公民，可享受减免缴纳比例的照顾。

除了国民年金，国家为公务员特设了“互助养老保险”；民间企业雇员还可参加“厚生养老保险”；很多企业还设置了“职业养老保险”。各类商业性人寿保险也得到了政府的支持，满足了不同层次国民的养老需求。

西方养老模式

有了《国民年金法》，加上五花八门的保险，老年人吃穿不愁，可怎样安度晚年仍是问题。60年代，日本为了超欧赶美，年轻人成了工作狂，老人被冷落到一边，倍感孤独。据当时“老人问题调查”，60%以上的老人靠看电视消磨时光，“养儿防老”的梦破灭了，这一时期日本每天都有16个左右的老人自杀。

面对严峻的现实，厚生省实在没有办法，只好照搬西方养老模式，大量建设社会福利设施。也恰恰在那段时间，京都、奈良等地的养老院因年久失修相继发生事故，政府便以此为契机，于1963年7月颁布《老人福利法》，推行养老社会化。

厚生省率先建起“样板”福利院，责成各地依葫芦画瓢，兴建养老设施，所用经费75%由国库支付，25%由地方政府负担。1969年，东京率先对65岁以上老人实行免费医疗。1973年，老人免费医疗作为国策在全国推行。

与此同时，高龄老人自发建立的社会组织也在各地纷纷涌现。这样双管齐下，终于较好地解决了养老设施问题。当时有政府官员自豪地说：日本只用了很短时间，就建成了“西式”老年福利社会。

居家养老模式

西方养老模式在日本推行了几年，渐渐“水土不服”。原来，日本老人的家庭观念特别重，住进养老院虽衣食无忧，却少了天伦之乐。他们常常呆立窗前，向老宅眺望，有的甚至郁郁而终。政府花钱建了福利设施，老人却不领情。起初大受欢迎的免费医疗，也屡遭抱怨。

既然老人一过65岁看病不用自己掏钱，很多人有病没病都去医院看医生，而真正有病的老人，却要排长队等号。医生逮住高价药大开特开，病人高兴，医院搞了创收，而财政却叫苦不迭。

政府这才意识到：西方养老模式不能简单照搬，还得创造适合自己国情的养老体制。1982年,《老人保健法》出台，日本老人福利政策的重心开始转移。这项法律和1989年制定的“黄金计划”，以居家养老、居宅看护为发展方向，构建了具有日本特色的居家养老模式。

首先，由政府出资培训了10万名家庭护理员，专门负责看护老人和处理家务；普及托老所提供短期入住、看护、治疗；设立70亿日元的长寿福利基金，推出“银色住宅计划”，开发了一批低价位的“三代同堂”式住宅，对愿意入住的家庭提供优惠贷款。同时，鼓励发展民间福利机构，推动老年保障社会化、多元化。

同时，政府也对免费医疗制度进行改革，把保障年龄延长到70岁，并由完全免费改为适当收费。同时，倡导全民保健，提出“40岁保健与70岁医疗”方案，年满40岁的国民，可享受免费体检、保健治疗。由于保健重于医疗，日本国民的保健意识大大增强。

天下没有免费午餐。政府给老人的补贴最终得纳税人买单，因此养老基金必须管好用好。在日本，养老保险基金纳入国家预算，由财政统一调配。若进行长期投资，需由国会决议，确保本利能够收回。

从战后到70年代，养老基金投入产业部门，获利不菲；70年代以后又投向国债、金融债券市场，规模越来越大。财政精打细算，不仅实现了基金保值增值、推动了产业升级，政府也跳出了“增税—补贴”的怪圈，把钱用在老人关注的新热点上，老年福利蛋糕越做越大。

第6节 失去的30年

20世纪80年代，一贯精明的日本人居然头脑发热，把股票和房地产价格炒上了天，随着90年代泡沫破裂，之前的经济神话成为过眼烟云，步入了30年的经济衰退期。

祸起“广场协议”

第二次世界大战后，日本大力发展出口主导型经济，经过20多年苦心经营，到70年代末，电器、汽车等产品大举进军海外，并横扫北美市场。美国朝野震动，急商应对之策。他们认为，自己的产品不敌日本货，是因为美元太过坚挺，让日本占了便宜，只有调低美元汇率才能夺回市场。

1985年9月22日，美国邀请日、德、法、英的财政部部长和中央银行行长在纽约广场饭店举行会议，软硬兼施，最终达成了“广场协议”。该协议的核心内容，是五国联手干预外汇市场，促使美元有序贬值。结果美元兑日元的汇价，从1985年9月的1∶250，下降到1987年的1∶120。

美元对日元比价连续下调，令日本经济遭到了重创。1986年，国民生产总值同比下降了2.8个百分点。日本政府叫苦不迭，后悔当初不该上美国的当。

可是胳膊拧不过大腿，日本想把汇率调回去，美国却不答应。无奈之下，只能调整产业方向，发展内需型经济。1986年11月和1987年2月，日本央行两次下调贴现率，鼓励银行放款，刺激新一轮投资。

调低利率对企业无疑是利好。不仅贷款成本降低，也减轻了原来的债务压力。各大公司积极调整战略，把老产品转移到低工资国家生产，同时引进新技术，购机器、建厂房发展新项目，1988—1990年，日本民间设备投资年增14.1%，经济增长速度又重登西方各国榜首。

日元升值使资金流向发生了改变。进入70年代，日本经济连上台阶，对外贸易持续出超，外汇盈余骤然膨胀。庞大的过剩资本急需寻找投资空间。

在这种形势下，一部分资金流向了海外：曼哈顿的摩天大楼、苏格兰的高尔夫球场、波恩的国宾馆、法国的葡萄酒厂，欧美的许多大公司一夜间皆换上了日本招牌。

而另一部分资金，则流进了股市。各大证券公司你方唱罢我登场，把股市炒得沸沸扬扬，股价节节攀升。相比之下，银行存款利率却低得可怜，谨小慎微的日本人终于放开胆量加入炒股大军。1985—1989年，日本股民增加了50%，平均每5个日本人就有一人炒股。

泡沫急剧膨胀

1987年，日本股票总市值超过美国，坐上了世界头把交椅。当企业发现从股市圈钱比干实业来得容易时，大笔的企业资金也悄悄进入股市。这一时期，日本制造业的年收益竟有一半来自金融投机。

日本政府刺激内需的政策，不仅使股市一片飘红，房地产市场也变得热闹非凡。各大企业原本就已扩建了厂房，这回在股市里又狠狠赚了一笔，腰包鼓了，人手增加了，自然要考虑多盖几座写字楼改善办公条件。

日元一升值，美国商品依靠价格优势，杀进日本市场，把日本物价拉了下来。居民手头的钱“硬”了，也想换换房子。恰在此时，日本政府提出要把东京建设成“世界都市”，并制定了“休养地法”，鼓励房地产开发。送上门的发财机会，房地产商岂能错过?

东京的土地历来寸土寸金，这下更是炙手可热。1988年，东京商业用地价格比两年前上涨3.5倍，日本国内平均地价也很快上涨了一倍多。

股票和房地产价格双双飙升，日本的经济泡沫越吹越大。如果按汇率计算，1988年日本的GDP增长率超过36.5%，举世为之震惊。过热的经济终于引起了政府的不安。1989年5月，日本央行连续5次大幅度提高利率，对银行资金实施管制；1991年政府出台“地价税”，加重了土地持有者的税负。

紧缩的财政和货币政策，使经济泡沫被刺破，日本经济迅速降温，1990年以后的5年间，日本全国资产损失达800万亿日元，相当于之前日本两年GDP的总和。日本经济陷入战后最长的萧条期。

痛定思痛

俗话说，冰冻三尺，非一日之寒。日本泡沫经济固然有其特殊的外部成因，但财政金融体制的缺陷也难辞其咎。

在日本，掌管财政金融大权的大藏省一贯独断专行，央行成了政府的“二财政”，大事一概做不了主。实行货币扩张政策初见成效后，央行本该见好就收，逐渐提高利率，紧缩通货，但经济增长的“大好形势”，让政府欲罢不能，错失了抑制经济过热的良机。

与此同时，为了避免国内上市企业被外资收购，政府鼓励企业与银行、企业与企业之间相互持股，联手操纵股价。按照日本的银行制度，贷款以土地为担保，地价虚涨，银行贷款便难以控制。政府把银行和企业绑到一起，股价、地价暴跌，令企业负债累累，银行也难逃厄运。

日本政府的另一败笔，是亲自扶持8家住宅专门公司。为了使房地产业成为新的经济增长点，政府为这些公司大开绿灯，在政策上给他们开“小灶”，正因为有政府撑腰，住宅专门公司才有恃无恐，把房地产市场搅得天翻地覆。

泡沫经济破裂，使日本财政金融体制的弊端暴露无遗，而此后日本政府对策失当，又令原本萧条的经济雪上加霜。主管国家钱柜的大藏省不仅没有吸取教训，在很长一段时间里还打肿脸充胖子，对公众封锁银行巨额不良资产的实情，对自己一手造成的住宅专门公司亏损问题，总是讳疾忌医，迟迟不揭盖子。

金融改革也是雷声大、雨点小。在经济萧条的阴影下，日本内阁频频换班，政策也是东一榔头西一棒槌，完全乱了分寸。住宅专门公司本该依法清算，政府却让纳税人当冤大头，用税收去填窟窿。1997年上半年，政府刚推出财政紧缩政策，提高消费税，年底又抛出特别减税措施，让民众莫名其妙、无所适从。